星ひとみの天星術
2024

月グループ

上弦の月

FIRST QUARTER MOON

Star Eyes

HITOMI HOSHI

Happy Message

一生懸命で
ピュアな波動をもつ“上弦の月”

たまに強気だけど
本当は臆病

寂しいと思う反面
どこか冷静なあなたがいる

無邪気に笑い
まっすぐ駆け抜けられる世界

純粋なエネルギーが
少なくなると

ストレスをストレスと感じにくく
自分の痛みに気がつけない

あなたはとても
素敵な魅力をもっています

生きにくい環境で頑張るよりも
あなたが心から笑える場所を見つけてみて

意識の高さから
自分を追い込んでしまうこともあるけれど

完璧を求めすぎなくていい
まだまだだと
感じたとしても

自分の心が壊れないように

どんな自分も
受け入れてあげる
どんな自分も
許してあげる

未完成だったとしても
周りから見たら芸術となり
不器用だったとしても
周りから見たら魅力になる

あなたが思うより
ちゃんと“完成”されています

結果よりも
その歩んできた過程を“自信”にして

自分を大切に
自分を認めてあげて

あなたの笑顔が周りの人を幸せにする

そう信じてもう一度
あなたは“大丈夫”

PROLOGUE

★ はじめに ★

皆様こんにちは、星ひとみです。

『星ひとみの天星術2024』を手にしていただき
またお会いできたことをうれしく思います。

この時代に皆様と出会い
天星術を通じ、つながることができた今に
心から感謝いたします。

この1年があっという間に過ぎたように感じた方も
逆に長かったなと感じた方もいるでしょう。

人生を満喫するために、生きるために。

笑ったり、怒ったり
挑戦したり、悩んだり。

なぜ自分だけがこのような目に遭うのかと
ときに苦しみ、前に進めなかった人も——。

心、生き方、歩む道のり。
人生に決めつけはなく
災いは回避し
苦しみは手放すことができる——。
私はそう信じています。
そして
あなたを照らす“光”はちゃんとある。

昨年に続き今年も、少しでも皆様の支えとなれるように
長い時間をかけて仕上げさせていただきました。

私のオリジナル鑑定法の「天星術」にも
生命の“光”が宿り
毎年少しずつ、ゆっくりと成長し、時代に合わせ、
私たちと一緒に動いています。

自分はダメだと決めつける必要はなく、
“影”や“リセット”の月でも、怖がる必要はありません。

自分の運命、
自分のリズム。

そして“光と影”。

あなたの今がどんな流れ《リズム》なのかを読みとり
一緒に進んでいきましょう。
私たちは生まれた瞬間に、星と光のエネルギーを受けて
それぞれの流れ《リズム》を授かります。

エネルギーは、月、地球、太陽の3つの天室に分かれ
「天星術」では、1つの天室を、さらに4つの天星に分けて見ています。

月グループは、満月、上弦の月、下弦の月、新月。
地球グループは、空、山脈、大陸、海。
太陽グループは、朝日、真昼、夕焼け、深夜。

天星には、それぞれナンバーがあり、あなたの星を知ることができます。
また、あなたの生まれた年で、運気が「赤」と「白」に分かれ、
2024年は、さらに深く運気を知ることができます。

中身を少し具体的に紹介しますと、
まずは、あなたの性格についての最新版トリセツ。
開運キーワード、12天星別の相性をお伝えするページから始まります。

次に、1年間という大きな視点で捉えた、2024年の運気や、
グラフで示した運気バイオリズム、
月ごとの開運メッセージと開運行動、天星ナンバー別の「赤」と「白」に分かれたお言葉、
さらに運気を、1日1日という点で捉えた毎日のメッセージがあります。

特に、全部で12ある天星をさらに細かく見て、
今年、今月のあなたがどんなリズムをもっているのか、
皆様の天星ナンバーの「赤」と「白」別に占っておりますので、
【2024年 天星ナンバー別の運気】【天星ナンバー別 今月のお言葉】に、
注目してみてください。

このように、あらゆる角度から運気を読むことで、
「今がどんな時期か——光なのか影なのか」「どんなことをすると幸せを感じられるか」
また「どんなことに気をつけたら不運を回避できるか」を分析することができます。

どこを読んでも、人生の“今”のヒントとなる言葉に出会えますように。

後半ページでは、「他の天星のプロフィール」も載せています。
自分を知り、相手を理解できたとき、素晴らしい関係となれるように
家族、お友達、仕事仲間、そして気になる人との付き合い方の参考にしてください。
まずは難しく考えず、肩の力を抜いてみましょう。

誰もが幸せになるチャンスがあります。
決して諦めなくていい。

あなたが幸せになるための
“キッカケ”となれたなら幸いです。

12天星別『星ひとみの天星術2024』
今日からあなたのお守りに。

皆様の1年が幸運の光につつまれますように。

自分を知り
今のリズムを知る
あなたの心に光を

天のエネルギー
星のエネルギーを“贈り”ます。

“あなたは大丈夫”

星ひとみ

CONTENTS

ASTROLOGY

天星術について

★ ★ ★

「天星術」は、中国に古くから伝わる東洋占星術をベースに、
さまざまな統計学や人間科学、心理的要素などを取り入れて作り上げた、
星ひとみによるオリジナル鑑定方法です。
時代とともに変化する“今”に合わせ、
進化させるべく研究を続けてきました。
生まれた日のエネルギーが、
月、地球、太陽のどのエネルギーの影響を受けているのか。
みなさんのエネルギーは、3つの天室に分かれ、
さらに4つの時星に導かれ、12の天星タイプとなっていきます。
「天星術」で読み解いていくことで、
過去にどんなことがあったのか、現在はどんな状況か、
そして未来がどうなっていくのかがわかります。
ただし大切なのは、**「天星術」は決して決めつけではない占術**である、ということ。
道がないことがわかれば、創ればいい。
壁にぶつかってしまうとわかれば、回避すればいい。
また、「天星術」は光と影、そのどちらも内包するもの。
光として出たのか、影として出たのか、
それを読みとれれば、自ら変えていくことができます。
失敗と感じても、
それは**未来に訪れる成功のために必要な失敗だった**、ということも。

未来をよりよくするために、占いをどう捉えて、どう動くのか。
あなたの心のもち方によって好転させることができる、
それが「天星術」です。

天星術 GROUP

月グループ

- 満月
- 上弦の月
- 下弦の月
- 新月

地球グループ

- 空
- 山脈
- 大陸
- 海

太陽グループ

- 朝日
- 真昼
- 夕焼け
- 深夜

HOW TO

あなたの天星の見つけかた

★ ★ ★

1

P.015から始まる **生年月表** を見て、
あなたの生まれた年と月が交わる数字を
探してください。

↓

2

その数字に、生まれた日の数字を足してください。
その数字があなたの **天星ナンバー** です。

※合計した数字が61以上になる場合は、その数字から60を引いたものが
天星ナンバーになります。

↓

3

P.014の **天星ナンバー対応表** を参照して、
天星を見つけてください。

↓

4

生まれ年(西暦)の下ひとけたが
偶数か奇数かを見て、赤か白かを確認します。

例

1995年4月20日生まれの場合

[生年月表]で1995年と4月が交わる数字は「58」。
「58」に生まれた日の「20」を足して「78」。
61以上になるので、60を引くと「18」。
[天星ナンバー対応表]を参照すると、「18」の天星は「夕焼け」。
生まれ年(西暦)の下ひとけたが奇数なので、「白」。

こちらでも！

CHECK!

あなたの天星は？

★ ★ ★

LINK **1**

生まれた年 ＿＿＿＿＿＿ 年と
生まれた月 ＿＿＿＿＿＿ 月が
生年月表 で交わる数字 ◯

LINK **2**

❶で出した数字 ＋ 生まれた日の数字 ＝ **天星ナンバー** ☆

61以上の場合は、60を引いて

LINK **3**

天星ナンバー対応表 によると
あなたの天星は ◯ の ☆

例えば 「夕焼け」 の 「18」

LINK **4**

生まれ年の下ひとけたが
偶数 ···> 赤
奇数 ···> 白

あなたは ◯ の ☆ の ⬡ です。

例えば 「夕焼け」 の 「18」 の 「白」

★ 天星ナンバー対応表 ★

天星ナンバーも覚えておこう!

グループ	天星	天星ナンバー
MOON 月グループ	満月	4 10 33 39 45
	上弦の月	11 17 32 38
	下弦の月	2 3 8 41 47
	新月	14 20 23 26 29 36
EARTH 地球グループ	空	6 43 49 54 55 60
	山脈	9 15 16 34 40 46
	大陸	1 5 50 53 56 59
	海	51 52 57 58
SUN 太陽グループ	朝日	21 22 27 28
	真昼	7 42 44 48
	夕焼け	12 18 31 37
	深夜	13 19 24 25 30 35

★ 生年月表 ★

生まれ年	和暦	干支	1月	2月	3月	4月	5月	6月	7月	8月	9月	10月	11月	12月
1920	T9	申	54	25	54	25	55	26	56	27	58	28	59	29
1921	T10	酉	0	31	59	30	0	31	1	32	3	33	4	34
1922	T11	戌	5	36	4	35	5	36	6	37	8	38	9	39
1923	T12	亥	10	41	9	40	10	41	11	42	13	43	14	44
1924	T13	子	15	46	15	46	16	47	17	48	19	49	20	50
1925	T14	丑	21	52	20	51	21	52	22	53	24	54	25	55
1926	T15 /S1	寅	26	57	25	56	26	57	27	58	29	59	30	0
1927	S2	卯	31	2	30	1	31	2	32	3	34	4	35	5

★ 生年月表 ★

生まれ年	和暦	干支	1月	2月	3月	4月	5月	6月	7月	8月	9月	10月	11月	12月
1928	S3	辰	36	7	36	7	37	8	38	9	40	10	41	11
1929	S4	巳	42	13	41	12	42	13	43	14	45	15	46	16
1930	S5	午	47	18	46	17	47	18	48	19	50	20	51	21
1931	S6	未	52	23	51	22	52	23	53	24	55	25	56	26
1932	S7	申	57	28	57	28	58	29	59	30	1	31	2	32
1933	S8	酉	3	34	2	33	3	34	4	35	6	36	7	37
1934	S9	戌	8	39	7	38	8	39	9	40	11	41	12	42
1935	S10	亥	13	44	12	43	13	44	14	45	16	46	17	47
1936	S11	子	18	49	18	49	19	50	20	51	22	52	23	53
1937	S12	丑	24	55	23	54	24	55	25	56	27	57	28	58

★ 生年月表 ★

生まれ年	和暦	干支	1月	2月	3月	4月	5月	6月	7月	8月	9月	10月	11月	12月
1938	S13	寅	29	0	28	59	29	0	30	1	32	2	33	3
1939	S14	卯	34	5	33	4	34	5	35	6	37	7	38	8
1940	S15	辰	39	10	39	10	40	11	41	12	43	13	44	14
1941	S16	巳	45	16	44	15	45	16	46	17	48	18	49	19
1942	S17	午	50	21	49	20	50	21	51	22	53	23	54	24
1943	S18	未	55	26	54	25	55	26	56	27	58	28	59	29
1944	S19	申	0	31	0	31	1	32	2	33	4	34	5	35
1945	S20	酉	6	37	5	36	6	37	7	38	9	39	10	40
1946	S21	戌	11	42	10	41	11	42	12	43	14	44	15	45
1947	S22	亥	16	47	15	46	16	47	17	48	19	49	20	50

★ 生年月表 ★

生まれ年	和暦	干支	1月	2月	3月	4月	5月	6月	7月	8月	9月	10月	11月	12月
1948	S23	子	21	52	21	52	22	53	23	54	25	55	26	56
1949	S24	丑	27	58	26	57	27	58	28	59	30	0	31	1
1950	S25	寅	32	3	31	2	32	3	33	4	35	5	36	6
1951	S26	卯	37	8	36	7	37	8	38	9	40	10	41	11
1952	S27	辰	42	13	42	13	43	14	44	15	46	16	47	17
1953	S28	巳	48	19	47	18	48	19	49	20	51	21	52	22
1954	S29	午	53	24	52	23	53	24	54	25	56	26	57	27
1955	S30	未	58	29	57	28	58	29	59	30	1	31	2	32
1956	S31	申	3	34	3	34	4	35	5	36	7	37	8	38
1957	S32	酉	9	40	8	39	9	40	10	41	12	42	13	43

★ 生年月表 ★

生まれ年	和暦	干支	1月	2月	3月	4月	5月	6月	7月	8月	9月	10月	11月	12月
1958	S33	戌	14	45	13	44	14	45	15	46	17	47	18	48
1959	S34	亥	19	50	18	49	19	50	20	51	22	52	23	53
1960	S35	子	24	55	24	55	25	56	26	57	28	58	29	59
1961	S36	丑	30	1	29	0	30	1	31	2	33	3	34	4
1962	S37	寅	35	6	34	5	35	6	36	7	38	8	39	9
1963	S38	卯	40	11	39	10	40	11	41	12	43	13	44	14
1964	S39	辰	45	16	45	16	46	17	47	18	49	19	50	20
1965	S40	巳	51	22	50	21	51	22	52	23	54	24	55	25
1966	S41	午	56	27	55	26	56	27	57	28	59	29	0	30
1967	S42	未	1	32	0	31	1	32	2	33	4	34	5	35

★ 生年月表 ★

生まれ年	和暦	干支	1月	2月	3月	4月	5月	6月	7月	8月	9月	10月	11月	12月
1968	S43	申	6	37	6	37	7	38	8	39	10	40	11	41
1969	S44	酉	12	43	11	42	12	43	13	44	15	45	16	46
1970	S45	戌	17	48	16	47	17	48	18	49	20	50	21	51
1971	S46	亥	22	53	21	52	22	53	23	54	25	55	26	56
1972	S47	子	27	58	27	58	28	59	29	0	31	1	32	2
1973	S48	丑	33	4	32	3	33	4	34	5	36	6	37	7
1974	S49	寅	38	9	37	8	38	9	39	10	41	11	42	12
1975	S50	卯	43	14	42	13	43	14	44	15	46	16	47	17
1976	S51	辰	48	19	48	19	49	20	50	21	52	22	53	23
1977	S52	巳	54	25	53	24	54	25	55	26	57	27	58	28

★ 生年月表 ★

生まれ年	和暦	干支	1月	2月	3月	4月	5月	6月	7月	8月	9月	10月	11月	12月
1978	S53	午	59	30	58	29	59	30	0	31	2	32	3	33
1979	S54	未	4	35	3	34	4	35	5	36	7	37	8	38
1980	S55	申	9	40	9	40	10	41	11	42	13	43	14	44
1981	S56	酉	15	46	14	45	15	46	16	47	18	48	19	49
1982	S57	戌	20	51	19	50	20	51	21	52	23	53	24	54
1983	S58	亥	25	56	24	55	25	56	26	57	28	58	29	59
1984	S59	子	30	1	30	1	31	2	32	3	34	4	35	5
1985	S60	丑	36	7	35	6	36	7	37	8	39	9	40	10
1986	S61	寅	41	12	40	11	41	12	42	13	44	14	45	15
1987	S62	卯	46	17	45	16	46	17	47	18	49	19	50	20

★ 生年月表 ★

生まれ年	和暦	干支	1月	2月	3月	4月	5月	6月	7月	8月	9月	10月	11月	12月
1988	S63	辰	51	22	51	22	52	23	53	24	55	25	56	26
1989	S64/H1	巳	57	28	56	27	57	28	58	29	0	30	1	31
1990	H2	午	2	33	1	32	2	33	3	34	5	35	6	36
1991	H3	未	7	38	6	37	7	38	8	39	10	40	11	41
1992	H4	申	12	43	12	43	13	44	14	45	16	46	17	47
1993	H5	酉	18	49	17	48	18	49	19	50	21	51	22	52
1994	H6	戌	23	54	22	53	23	54	24	55	26	56	27	57
1995	H7	亥	28	59	27	58	28	59	29	0	31	1	32	2
1996	H8	子	33	4	33	4	34	5	35	6	37	7	38	8
1997	H9	丑	39	10	38	9	39	10	40	11	42	12	43	13

★ 生年月表 ★

生まれ年	和暦	干支	1月	2月	3月	4月	5月	6月	7月	8月	9月	10月	11月	12月
1998	H10	寅	44	15	43	14	44	15	45	16	47	17	48	18
1999	H11	卯	49	20	48	19	49	20	50	21	52	22	53	23
2000	H12	辰	54	25	54	25	55	26	56	27	58	28	59	29
2001	H13	巳	0	31	59	30	0	31	1	32	3	33	4	34
2002	H14	午	5	36	4	35	5	36	6	37	8	38	9	39
2003	H15	未	10	41	9	40	10	41	11	42	13	43	14	44
2004	H16	申	15	46	15	46	16	47	17	48	19	49	20	50
2005	H17	酉	21	52	20	51	21	52	22	53	24	54	25	55
2006	H18	戌	26	57	25	56	26	57	27	58	29	59	30	0
2007	H19	亥	31	2	30	1	31	2	32	3	34	4	35	5

★ 生年月表 ★

生まれ年	和暦	干支	1月	2月	3月	4月	5月	6月	7月	8月	9月	10月	11月	12月
2008	H20	子	36	7	36	7	37	8	38	9	40	10	41	11
2009	H21	丑	42	13	41	12	42	13	43	14	45	15	46	16
2010	H22	寅	47	18	46	17	47	18	48	19	50	20	51	21
2011	H23	卯	52	23	51	22	52	23	53	24	55	25	56	26
2012	H24	辰	57	28	57	28	58	29	59	30	1	31	2	32
2013	H25	巳	3	34	2	33	3	34	4	35	6	36	7	37
2014	H26	午	8	39	7	38	8	39	9	40	11	41	12	42
2015	H27	未	13	44	12	43	13	44	14	45	16	46	17	47
2016	H28	申	18	49	18	49	19	50	20	51	22	52	23	53
2017	H29	酉	24	55	23	54	24	55	25	56	27	57	28	58

★ 生年月表 ★

生まれ年	和暦	干支	1月	2月	3月	4月	5月	6月	7月	8月	9月	10月	11月	12月
2018	H30	戊	29	0	28	59	29	0	30	1	32	2	33	3
2019	H31/R1	亥	34	5	33	4	34	5	35	6	37	7	38	8
2020	R2	子	39	10	39	10	40	11	41	12	43	13	44	14
2021	R3	丑	45	16	44	15	45	16	46	17	48	18	49	19
2022	R4	寅	50	21	49	20	50	21	51	22	53	23	54	24
2023	R5	卯	55	26	54	25	55	26	56	27	58	28	59	29
2024	R6	辰	0	31	0	31	1	32	2	33	4	34	5	35

FIRST QUARTER MOON

上弦の月
プロフィール

あなたの性格に迫るとともに、
2024年の運気や開運色、
相性などもお伝えします。

First Quarter Moon Profile

LIGHT

- □ 慎重に見えて直感型
- □ 警戒するが騙されやすい
- □ 美的感覚があり美しいものが好き
- □ 満足するまでとことん追求する

決断する月、努力が報われる月、吉凶混ざり引きが強い月にこの傾向が表れます

上弦の月の光と影

各天星タイプには、もともともっている性質があります。普段、表に出ているのが「光」の性質です。ただ、運気バイオリズムが崩れると「影」の性質が出てきます。

SHADOW

- □ 頑固で依存しやすい
- □ 変化を怖がり、アウェイは苦手
- □ 執着心が強く、臆病になりがち
- □ 自分のペースを保てないと爆発

運気が低迷する月、八方塞がりになりやすい月、リセットの月にこの傾向が表れます

運気バイオリズム（P.034）が☀（光）と🌧（影）のときに、上記のような性質がそれぞれ出てきます。

上弦の月

無邪気で警戒心の強い癒し系

基本性格

美的感覚が鋭く、慎重そうに見えて直感型のタイプ。警戒心は強いですが根が純粋なので、いい人だなと感じるとすぐ信じてしまうことも。仲がいいと無意識のうちにわがままになりやすく、愛が感じられないと不安定になる一面も。自分を認めてくれ、安らぎをくれる人といることが開運につながります。

上弦の月のトリセツ

⬆好きなこと・喜ぶこと

- 好きな人と過ごすこと
- 優しく気遣われること
- お姫様、王子様扱い
- 安心できる場所や人
- すぐ返信、すぐ対応
- 親しい人との飲み

⬇嫌がること・ストレスになること

- 放置される、既読スルー
- 頑張りを評価されないこと
- 人と比べられること
- 突然のお誘い
- アウェイな場所
- 思い通りにいかない環境

2024年の開運のカギ

やるといいこと	好きなことに没頭する
気をつけるべきこと	胃の不調。休息をしっかりとる

2024年の開運相性

恋愛運を上げる天星	仕事運をのばす天星	金運をのばす天星
上弦の月 × 満月	上弦の月 × 真昼	上弦の月 × 空

基本の開運色
白

2024年の開運色
トマトレッド

2024年の開運アイテム
パワーストーン

2024年の開運スポット
水がキレイな場所

天星タイプ別 基本の相性

上弦の月 × 満月	★★★★★	上弦の月 × 大陸	★★★☆☆
上弦の月 × 上弦の月	★★★★☆	上弦の月 × 海	★★★★☆
上弦の月 × 下弦の月	★☆☆☆☆	上弦の月 × 朝日	★★★★☆
上弦の月 × 新月	★★☆☆☆	上弦の月 × 真昼	★★★★☆
上弦の月 × 空	★★☆☆☆	上弦の月 × 夕焼け	★★★★☆
上弦の月 × 山脈	★★☆☆☆	上弦の月 × 深夜	★★☆☆☆

上弦の月

天星ナンバー 11

一度仲よくなれば深くつながれる知性派

直感力が高くこわがりな反面、自分を守るために強がるタイプ。裏切りに敏感でとても繊細です。美的感覚も高いので、キレイなものが好き。基本的に一度決めたことはブレません。プライドの高い知性派で、物事のよし悪しを頭で考えて決める面もあります。

こんな星が入ってる

- ★ 正義感の星
- ★ S気味の星
- ★「キレイ」が好きの星

天星ナンバー 17

裏表がなく無邪気な愛されキャラ

嘘や駆け引き、誰かに媚びることは嫌いなタイプ。かなり負けず嫌いです。美しいものに惹かれやすく、依存心強め。安心感を求める傾向があり、そのために多少わがままな面も。優しい言葉やほめ言葉に弱く、すぐに人を信じるところがあるので、利用されないよう注意が必要です。

こんな星が入ってる

- ★ 突然ヒステリックの星
- ★ 実はドMの星
- ★「ベタ」に弱い星

天星ナンバー 32

ツンデレが魅力の強気タイプ

芸術性高め。サッパリとした気質で、何事もはっきりと判断します。気分がのっているときは抜群の集中力を発揮しますが、思い通りにいかないときは何も手につきません。高い美意識をもち、人に甘えるのは苦手。前向きな考え方をする友達をもつと、気持ちが安定します。

こんな星が入ってる

- ★ 慣れたらわがまま全開の星
- ★ 甘い言葉に弱い星
- ★ 一見強気の星

天星ナンバー 38

ファッションセンス抜群！ 気高い個性派

プライドが高く自分の世界を大切にします。一度こうと決めたら絶対に曲げない頑固な一面も。人に認められたくて自己アピールをよくしますが、仲よくなるまでには時間がかかるタイプです。年上の人と一緒に過ごすことで、内面が磨かれるでしょう。

こんな星が入ってる

- ★ お嬢さま・お坊ちゃんの星
- ★ 負けず嫌いの星
- ★ 周りの評価を気にする星

CHARACTER

FIRST QUARTER MOON

YEARLY FORTUNE

2024年
上弦の月の運勢

THEME

“謙虚な姿勢で学びを強化”

総合運

TOTAL

勢いがあり、人気が集まる1年。自信をつけるのはいいですが、調子にのりやすい年なので注意も必要です。誘いが増えるぶん、惑わされることも多そう。信用を落とすような言動をしていないか、自分と向き合うことが大切。2024年は持ち前の直感力が情報過多により鈍る可能性もあるので、迷いや選択できない状況が訪れたならば、あえて何もしない選択を。本当に大切なものは何か見失わないように。ワクワクも入り忙しくなりますが、無理は禁物と心がけ、めいっぱい楽しんで。

恋愛運

LOVE

2024年の恋愛はカジュアルなものになりそう。パーティー、イベントなどで出会った相手と、すぐに交際を始める展開も。パートナーがいる人は、相手の存在が当たり前になりすぎて気持ちが冷めてしまう可能性も。日常のコミュニケーションを大切にしましょう。結婚は早まらず、じっくりと。

仕事運＆金運

WORK & MONEY

やる気が起きず、気が散ってしまいそうです。ダラダラ仕事に取り組むよりも、目標を細かく設定するなど短時間で集中する工夫を。また、小さなミスが増えるときなので、確認はしっかりしましょう。金銭面では、ストレスで散財しないように。ある程度手元に残し、自己投資をするのがいいでしょう。

2024年の運気バイオリズム

新スタートの月
- 新発見
- チャレンジする
- 直感が戻る

物事を見直す月
- 体調を崩しやすい
- 準備の時期
- 少し休憩

決断する月
- 直感に従う
- 人生が変わる
- 軸を定める

メンテナンスの月
- 体調管理を第一に
- メンタルダウンに注意
- 癒しを大切にする

努力が報われる月
- 変化がある
- 力を発揮できる
- 夢が膨らむ

誘惑が多い月
- 調子にのりがち
- 足腰を温める
- 決断はNG

再挑戦できる月
- 縁ある人と再会
- チャンス到来
- 経験を活かせるとき

2023年 2024年

秋 冬 春

（光）と（影）のときは、
P.027のような性質が
それぞれ出てきます。

吉凶混ざり引きが強い月
- 自信をもって行動
- プチセレブ感
- 注目が集まる

振り返ってみる月
- 楽しんでみる
- 穏やかな雰囲気
- 最後の決断

運気が低迷する月
- 健康面に影が
- 頑固はNG
- 流れに身を委ねる

八方塞がりになりやすい月
- 謙虚さを大事に
- 決めつけない
- じっくり煮詰める

リセットの月
- 判断ミス
- 縁が切れる
- 爆発しやすい

新スタートの月
- 新発見
- チャレンジする
- 直感が戻る

物事を見直す月
- 体調を崩しやすい
- 準備の時期
- 少し休憩

夏　秋　冬

上弦の月 2024年

赤（偶数年生まれ）

RED

11 17

2024年は再起のチャンス。過去に挫折したことは、反省を活かして再挑戦すれば実を結びそうです。また、懐かしい人との縁が深まり、救われることも。紹介運も高まり、人が自然と集まってくる運気です。

決断運	★★★★☆
人間関係	★★★★★
健康運	★★★☆☆
金運	★★★★☆

＼あなただけの／
光の月 2月、5月／**影の月 7月、8月**

32 38

謙虚な気持ちを大切にしたい年。幸運だけでなく、障害も多いときですが、頑固にならず人の助言に耳を傾けることが大切です。勉強や運動を始めるなど、将来のための種を蒔き、大切な人は守れるように努めてみましょう。

決断運	☆☆☆☆☆
人間関係	★★★☆☆
健康運	☆☆☆☆☆
金運	★★★☆☆

＼あなただけの／
光の月 1月、10月／**影の月 3月、4月**

天星ナンバー別の運気

白（奇数年生まれ）

WHITE

11 17

気持ちが緩みやすい年。人からの誘いも増え、自分に自信がもてる一方で、あれもこれもと気移りし、何を選んでいいかわからなくなるかも。迷いが生じたとしても、現状維持を心がければ豊かな実りにつながります。

決断運	★★☆☆☆
人間関係	★★☆☆☆
健康運	★★☆☆☆
金運	★★★☆☆

＼あなただけの／
光の月 3月、6月／**影の月** 8月、9月

32 38

好調だった2023年と異なり、思いがけない壁に阻まれるなど、モヤがかかりそう。人間関係も注意が必要ですが、見返りを求めず、奉仕の気持ちをもって接することでトラブルを回避できるでしょう。

決断運	★☆☆☆☆
人間関係	☆☆☆☆☆
健康運	★☆☆☆☆
金運	★★☆☆☆

＼あなただけの／
光の月 2月、11月／**影の月** 4月、5月

2023 11 November 新スタートの月

今月の開運メッセージ

始まりの月。明るい未来に向けて踏み出しましょう。夢や目標があるなら、行動に移すタイミング。直感が戻り、やりたいことが見えてきそうです。決断にもいい月。部屋のインテリアを変えたり、髪型など、何かを変化させイメチェンしてみると、あなたの中からエネルギーが湧き、運気の波にのれます。素敵な出来事があなたを待っていると思って、積極的に動いてみましょう。

今月の開運行動

1. 新たな習慣や勉強を始めてみる
2. 体や心によい暮らしを心がける
3. 心がワクワクすることを紙に書き出す

天星ナンバー別
今月のお言葉

あなたの
天星ナンバー
をチェック！

RED　WHITE

赤
（偶数年生まれ）

白
（奇数年生まれ）

11・17

赤：ときには肩の力を抜き、周りに甘えることも大切。結果を急ぐより、1日1つでも小さな挑戦をすると成功の種に。出会い運もあり！

白：何事もシンプルが吉。難しく考えず思い立ったらまずは行動を。成功のイメージを具体的に思い描くと新たな発見があるかも。

32・38

赤：誘惑にのらず、目の前のことだけに集中が吉。おいしい話は自分で判断しないこと。食事会での暴飲暴食にも注意！

白：あなたの頑張りが評価され、一気に注目を浴びそう。この機会に好きなことや楽しいことを増やしましょう。自信をもって行動してみて。

2023 12 December 物事を見直す月

今月の開運メッセージ

一歩一歩が大切な月。物事があまり進んでいないように感じても、今はゆっくりペースで大丈夫。一方で、体調を崩しやすい時期なので、無理はせず、睡眠を十分とることが大切。チャンスが来たときに動けるように、運動をして体力をつけておくといいでしょう。また、マッサージで筋肉のこわばりをほぐしたり、整体で骨格の歪みを整えたりするなど、体のメンテナンスも開運のカギに。

今月の開運行動

1. 勢いで動かず
丁寧な行動を心がける
2. 今までの思い込みや
固定観念を手放す
3. 服装や髪型を
少しだけ変えてみる

天星ナンバー別 今月のお言葉

あなたの天星ナンバーをチェック!

RED

赤
（偶数年生まれ）

11 17

集中力が高まる年末は、勉強を始めるのにぴったりの時期。ダイエットや習い事を始めるのにも最適なので、目標を立ててみて。

32 38

オン・オフのメリハリをつけ、家族と楽しい時間を過ごすと運気がアップ。過去に縁があった人に助けられることも。幸せは必ず見つけられます。

白
（奇数年生まれ）

11 17

寒さで体がこわばっているかも。肩や腰のストレッチをして体をほぐしましょう。出会い運もあるので、交流の場を広げてみて。

32 38

大掃除は早めに取りかかり、体のケアもしっかりと。今ある幸せを見失わないように。大切な人には感謝を伝えて。

2024 1 January
決断する月

今月の開運メッセージ

勘が冴えわたる月。やりたいことや好きなことなど、自分の軸が定まってきそうです。人生を左右するターニングポイントとなるような出来事があるかもしれません。周りの意見を参考にしつつ、最後は自分の感覚を信じて選択を。また、持ち前の美的センスも高まるとき。魅力を感じるものを見つけたら、周りの人にも教えてあげると運気がよくなっていくでしょう。

今月の開運行動

1. 直感に従い
心の赴くままに行動してみる

2. 物事の優先順位を決め
To Doリストを作る

3. お気に入りのカフェに
友達を誘ってみる

天星ナンバー別 今月のお言葉

あなたの
天星ナンバー
をチェック!

RED

赤
（偶数年生まれ）

白
（奇数年生まれ）

11 17

赤：時間と心の余裕が今月のテーマ。新年は好きな人とゆったり過ごして。アロマなど優しい香りも吉。ケガをしやすいので落ち着いて行動を。

白：自分の軸を定め、新年の目標を掲げると、いいスタートが切れそう。理想を描き、ダイエットや習い事を始めるのにもGOODタイミング。

32 38

赤：大きなチャンスが舞い降りる月。自信をもって、何にでも挑んでみましょう。基礎化粧品をワンランクアップするのもおすすめ。

白：やり直す努力ができる月。心残りのあるものにもう一度取り組むと、あなた自身の成長に。周りの人のために動くと幸運を呼び込みます。

2024 2 February メンテナンスの月

今月の開運メッセージ

心と体にズレが生じやすい月。やる気はあっても、思うように動けないかもしれません。疲れが溜まっていると感じたら無理をせず、休息をとることを優先しましょう。決断力も鈍ってくるので、一度頭を空っぽにしてみて。一緒にいて安らぐ人とのんびり過ごすのもよさそうです。普段頑張っているぶん、たまには自分を甘やかしてあげましょう。

今月の開運行動

1. 柔らかな言葉遣いと態度で周囲の人を和ませる
2. お気に入りの入浴剤やアロマでリラックスする
3. 美術館や写真展に足を運び感性を刺激する

天星ナンバー別
今月のお言葉

あなたの天星ナンバーをチェック!

RED

赤（偶数年生まれ）

白（奇数年生まれ）

11 17

赤：あなたのエネルギーが高まる月。良縁も集まるので、誘いには積極的にのってみて。無理かなと思う夢や目標も今のあなたならできるはず。

白：自分のペースを大事にしたいとき。人に気を遣いすぎて疲れるくらいなら、あなたにとっての幸せを第一にして。音楽や香りが癒しに。

32 38

赤：穏やかに過ごせる時期。休日は時間をかけて料理したり、掃除をしたりと、のんびり過ごすと幸福を感じられ、エネルギーになります。

白：自分へのご褒美や優雅にお茶など、セレブ感を演出してみると開運に。視野を広げて新たなジャンルに挑むと、意外な才能に気づくことも。

2024 3 March 努力が報われる月

今月の開運メッセージ

運気の流れは上向き。おもしろそうだと感じることに、どんどん挑戦してみるといいでしょう。何事も楽しむことを意識して、笑顔で過ごしていれば、ラッキーな出来事が舞い込んでくるはず。今月は天から光を受けるときなので、あなたの魅力がいつも以上に輝くでしょう。周りから可愛がられるなどうれしいこともありますが、わがままにならないように気をつけて。

今月の開運行動

1. 気に入っている道具や日用品をメンテナンスする
2. 自分には難しいかもと感じるくらいの目標を立てる
3. 周りに困っている人がいないか見回してみる

天星ナンバー別
今月のお言葉

あなたの
天星ナンバー
をチェック!

RED

赤
（偶数年生まれ）

白
（奇数年生まれ）

11 17

赤（偶数年生まれ）

他に目移りしても、それは一時的なもの。目の前のものや人に集中することが幸運のカギに。足腰を温めることで、ケガや不調も回避。

白（奇数年生まれ）

天に味方される運気です。あなた本来の力が活き始めるので、夢を叶えるために動き出してみて。無理と思うことも挑めばチャンスが。

---

32 38

赤（偶数年生まれ）

物事がうまくいかないのは、心がこわばっているからかも。思い込みを捨てて、流れに身を任せましょう。肩の力を抜いて、柔軟に。

白（奇数年生まれ）

うれしかったことや楽しかったことを見つけるほどラッキーが舞い込みそう。面倒なことは後回しにせず、早めに取りかかるとスムーズに。

2024 4 April 誘惑が多い月

今月の開運メッセージ

自分に甘えが出やすい時期です。楽しく遊ぶのはいいですが、やるべきことを疎《おろそ》かにしないように。また、行動が雑になりやすいときでもあるので、何事も丁寧に行うよう心がけましょう。調子にのったり、衝動的に動いたりするとトラブルの原因に。落ち着いて物事を進めることがツキを呼びます。気分も変わりやすいので、大きな決断は、来月まで待った方がよさそうです。

今月の開運行動

1. ルーティンワークこそ
手を抜かず徹底して取り組む

2. 自分の頑張りを認めて
肩の力を抜いてみる

3. 決めつけていないか
頑固になっていないか省《かえり》みる

天星ナンバー別
今月のお言葉

あなたの
天星ナンバー
をチェック!

RED

赤
（偶数年生まれ）

白
（奇数年生まれ）

11 17

赤：リベンジのパワーが増す月。心残りがあったことも今ならやり直せます。過去に縁があった人の中から未来のパートナーが現れることも。

白：判断力が鈍るとき。目先の欲より、今ある信頼を大切にしましょう。迷ったら信頼できる人に相談することでトラブルを回避できるはず。

32 38

赤：つらいことがあっても、今は準備だと捉えて。あなたはちゃんと守られています。落ち込んだときこそ、明るい服を着てパワーをチャージ。

白：いろいろな考えに触れてみて。こだわりを手放すと、何事もスムーズに。愚痴や悪口は控え、ポジティブな言葉を意識しましょう。

2024 5 May 再挑戦できる月

今月の開運メッセージ

縁が再びつながりやすい時期。過去に親しかった人との縁からあなたの未来に大きな力となってくれる人が現れる可能性もあるでしょう。同窓会や、帰省した先など、仲間が集まる機会があったら、ぜひ参加してみて。また今月は、これまでの経験を活かせる運気なので、心のブレーキを外し、自分を信じて挑んでみて。密かに努力してきたことが成功につながる暗示も。

今月の開運行動

1. 友達や先輩の意見を素直に受け入れる
2. 自分を高めてくれるプチご褒美を用意しておく
3. 旧友とともに思い出のお店やスポットを訪ねてみる

天星ナンバー別 今月のお言葉

あなたの天星ナンバーをチェック!

RED

赤
（偶数年生まれ）

11 17

運気は絶好調。あなたらしさを大切にすることで成功のチャンスをつかめます。幸運はひとり占めせず、周りに感謝を。自己投資もおすすめ。

32 38

なるべく気分転換を意識してほしい月。価値観や感じ方が変わり始めます。必要ないものは手放し、自宅を居心地のよい空間にしてみて。

WHITE

白
（奇数年生まれ）

11 17

やり直しのパワーが宿る月。疎遠になってしまった人や仕事との縁が復活の予感。見返りを求めない行動が、新たな関係を築くカギに。

32 38

頑固さを手放すとツキが入る運気。苦手なことや大変なことも受け入れてみると、あなたの力になりそう。人を喜ばせる行動も◎。

2024 6 June 吉凶混ざり引きが強い月

今月の開運メッセージ

あなたに注目が集まる月です。大きな幸運が舞い込むこともあり、ワクワクした気持ちを味わえそうです。同時に予期せぬ出来事も入りやすい時期なので、焦らず余裕をもって行動を。身近で困っている人には手を差し伸べるなど人のために尽力するほど、開運につながります。頑張った後は、自分にご褒美を用意するのも忘れずに。

今月の開運行動

1. 背筋を伸ばして自信たっぷりに歩いてみる
2. 頑張っている自分をほめてディナーを奮発する
3. 何事にも手を抜かず100%の力を出し切る

天星ナンバー別 今月のお言葉

あなたの天星ナンバーをチェック!

RED

赤
（偶数年生まれ）

白
（奇数年生まれ）

11 17

赤：何事も楽しんで取り組むことでツキが舞い込むとき。日常のワクワクを集めてみましょう。上旬ほど快調なので、大事なことは早めに着手を。

白：あなたに注目が集まる月。期待以上の幸運が舞い込みますが、ひとり占めせず周りに感謝を。高級なお店に行くなどプチ贅沢で自信もアップ。

32 38

赤：悩みや問題は、一度ゼロから考えることで突破口が見つかりそう。考えすぎず、自分が一番大切にしたいことを優先して。

白：家族や大切な人にあなたの思いを伝えましょう。誠実に向き合うほど、この先の未来が輝くはず。部屋の大掃除にもいいタイミングです。

2024 7 July 振り返ってみる月

今月の開運メッセージ

日々の生活の中にうれしいことや楽しいことがたくさん見つけられる予感。月の上旬ほど運気がよく、コミュニケーションもスムーズにいくでしょう。後半は、夏バテなどで体調を崩さないよう注意を。不調が続く場合は、病院で診てもらった方が安心です。急に予定が変わることが増えそうなので、時間に余裕をもって行動するよう意識しましょう。

今月の開運行動

1. 何があっても心を波立てず平常心を保つ
2. 誰に対しても優しい言葉遣いを心がける
3. 優先順位の高い物事から早めに取りかかる

天星ナンバー別
今月のお言葉

あなたの天星ナンバーをチェック!

RED　WHITE

赤（偶数年生まれ）

白（奇数年生まれ）

11・17

赤：流れが変わる月。うまく流れにのるには、視野を広げ、頭を柔らかくすること。太りやすくなる運気なので、適度に運動し暴飲暴食は避けて。

白：余裕とゆとりがテーマの月。贅沢よりは賢い節約ライフを楽しむことが開運に。家族や仲間に尽くすことで、心も満たされるでしょう。

32・38

赤：来月からの運気上昇に備えるウォーミングアップの時期。生活習慣を見直し、運動や食生活にいい変化を取り入れると吉。

白：迷わず行動できる月。運気はゆっくり上昇中なので、何事もできないと思わず挑んでOK。髪型やメイクなど、イメージチェンジにも吉月。

2024 8 August 運気が低迷する月

今月の開運メッセージ

今月は、疲れを溜めないことが重要です。無理はせず、スケジュールには余裕を残しておきましょう。睡眠時間を十分確保し、1日の終わりにはリラックスする時間を作るように。自分が想像していたことと現実に差があっても、柔軟に対応することでトラブルは回避できるはず。自分の希望を通すより、いまは流れに身を任せた方が、何かとうまくいくでしょう。

今月の開運行動

1. 控えめな態度をキープし サポート役に徹する
2. 筋トレや勉強を始めて 外見と内面のどちらも磨く
3. 1日の終わりに 頑張ったことを3つ考える

天星ナンバー別
今月のお言葉

あなたの
天星ナンバー
をチェック！

RED

赤
（偶数年生まれ）

白
（奇数年生まれ）

11・17

赤

苦手なことにぶつかったら克服のチャンス。新しいことに挑むより、今の自分を強固にすることをめざしましょう。健康管理が吉を導きます。

白

度量が試されるとき。うまくいかないときほど、こだわりを捨ててみて。物事のプラスの面を見つけてみると、世界が広がるでしょう。

32・38

赤

直感が冴える月。自分の気持ちに正直に。YES、NO、はっきりジャッジを。人には感謝と思いやりを大切に。

白

自分のいいところを探して、そこを伸ばしてみましょう。今月は少しずつでも学んで努力することが大事なとき。ここで諦めないように。

2024 9 September 八方塞がりになりやすい月

今月の開運メッセージ

運気がいい月ではありませんが、だからこそ学べることが多いでしょう。謙虚な気持ちで過ごし、周囲の人に合わせることで、自分にはなかった視点を得ることができるはず。何かを決めるときは1人で判断せず、誰かに意見を聞くとよさそうです。思い通りにいかないことがあっても焦らずに、「こんな日もあるさ」と割り切ることで、心が軽くなるでしょう。

今月の開運行動

1. 発言する前に頭の中で もう一度検討する
2. 家族や同僚の長所を挙げて 日頃の感謝を伝える
3. 夢や願望をリストアップし 達成の方法を調べてみる

天星ナンバー別 今月のお言葉

あなたの天星ナンバーをチェック!

RED

赤（偶数年生まれ）	天星ナンバー	白（奇数年生まれ）
運気が切り替わる月。今のあなたの波長に合わなくなったものは、ここで手放すのが正解です。家族や大切な人に愛情を示すと、よい結果に。	11 17	奉仕の心がテーマの月。自分より人を優先することで、あなたの味方が増えていくはず。小さな幸せを見失わないよう日記を書くのも◎。
友達との会話やドライブ、ショッピングなど、自分なりの気分転換が必要です。疲れが少し出やすいときなので、無理はしないように。	32 38	何が必要で何が不要かジャッジすると開運に。判断力もあるときなので、自分の方向性や目標を定めて。自宅ではゆっくり過ごしメリハリを。

2024 10 October リセットの月

今月の開運メッセージ

あなたの気持ちや波長に変化が表れるかもしれません。人や物との縁が切れる予感もあるので、大切な人には心を尽くすことを忘れずに。過去より未来を見つめることで新しい出会いの可能性が広がります。また、どんなに頑張ってもうまくいかないことは、一旦手放してみるのも賢明な方法。次のチャンスを信じて待ちましょう。

今月の開運行動

1. 離れた人やものは 縁がなかったとスッパリ諦める
2. 木々のざわめきや川の流れなど 自然の音に癒される
3. 時間の使い方を見直して 10分前行動を徹底する

天星ナンバー別
今月のお言葉

あなたの天星ナンバーをチェック!

RED

11・17

赤（偶数年生まれ）

運気が上昇し始めるとき。環境の変化が新たな未来を導くので、引っ越しもおすすめ。初めてのことに積極的に挑むほど発見が増えます。

白（奇数年生まれ）

悪い習慣や悪縁を断ち切るチャンス。別れの予感もありますが、身軽になるほど新しい縁が入ってくるので未来を信じて進みましょう。

32・38

赤（偶数年生まれ）

気分が上がる出来事がありそう。結果よりも過程を楽しんで、自分の力を存分に発揮して。あなたの可能性は、まだまだ広がるでしょう。

白（奇数年生まれ）

早寝早起きなど、規則正しい生活に戻すと、心も体も安定しそう。「攻めるより守る」を意識しましょう。バスタイムを充実させてみて。

2024 11 November 新スタートの月

今月の開運メッセージ

運気が回復してくる月。ここ数カ月、思い通りにいかなかったとしても、そのぶん成長できたはず。気持ちを切り替え、新しい一歩を踏み出して。前よりレベルアップしている自分に気づけるでしょう。環境が変化する場合は、不安に思うよりも楽しむ姿勢を大切にすると、より運気がよくなっていくはず。直感も戻ってくるので、本来のあなたらしくいられるでしょう。

今月の開運行動

1. 毎日のルーティンの中に少しずつ変化を取り入れる
2. 自分のことよりも人の幸せを優先して行動する
3. オンとオフのメリハリをつけ夜はしっかり休息する

天星ナンバー別
今月のお言葉

あなたの天星ナンバーをチェック!

赤（偶数年生まれ）

11・17

蒔いた種を育てるとき。失敗は成功の種になるので、あきらめずー歩ずつ前進を。新しい出会いもあるので、誘いには思い切って参加して。

32・38

ケアレスミスに落ち込むかも。メモを取る、To Doリストを作るなどして、入念な確認作業を心がけると回避できそう。

白（奇数年生まれ）

11・17

変化が開運につながる月。出会い運もあるので、初めての場所でも勇気を出して足を運んでみて。冒険するほど未来の可能性が広がります。

32・38

天からの応援を感じられそう。プラスのエネルギーが湧いてくるので、苦手なことも楽しんで取り組んで。願望は口にすると引き寄せられます。

2024 12 December 物事を見直す月

今月の開運メッセージ

今月は少しペースを緩め、これからの準備をするとき。調べ物をしたり、長期的な目標を考えるといいでしょう。また、体調を崩しやすいときでもあるので、頑張りすぎは禁物。自分1人で解決できない問題は、素直に人を頼りましょう。不摂生はやめて、健康にいい生活を心がけることで開運に。物事のプラスの面に目を向け、前向きに過ごしましょう。

今月の開運行動

1. 自然を感じるスポットで大きく深呼吸してみる
2. 基礎化粧品やベースメイクをワンランクアップする
3. 仕事のときはテキパキ動き休日はのんびりと過ごす

天星ナンバー別 今月のお言葉

あなたの天星ナンバーをチェック!

RED

赤
（偶数年生まれ）

11 17

こうなりたい！ と決めたら実行あるのみ。チャンスをつかめる月なので、意思表示ははっきりと。ダイエットや告白もトライして吉。

32 38

かつて縁があった人や場所が喜びをもたらしてくれる予感。幸せな記憶を語り合ったり、思い出の料理や食べものからパワーチャージを。

白
（奇数年生まれ）

11 17

運気はゆっくり上昇中。結果を急ぐより、来年に向けてこれまでの見直しを。着実に進めれば、新年にいいスタートダッシュを切れそうです。

32 38

気分が変わりやすい月。目の前の大切なものを一番に考えていれば、トラブルは回避。飲み会では少しセーブ。人に流されすぎないように。

FIRST QUARTER MOON

2024年
日々の
開運メッセージ

Daily Fortune Message

先々を見通してみたり
その日がどんな日なのか調べてみたり
日々の過ごし方や考え方の
参考にしてみてくださいね。

運気キーワード

KEYWORD

《 吉凶日 》

天赦日

「天が赦す日」と書くように、神様がすべての罪を赦し、障害が取り除かれる日とされています。一粒万倍日より数が少ない大吉日。結納や婚姻届の提出など、結婚にまつわることを行うのによく、新しいことを始めるのにもいい日です。

一粒万倍日

「一粒の種子が万倍にもなって実る」という意味をもち、何かを始めるのにいい日とされています。財布の新調にも最適。ただし、人からお金やものを借りると、万倍に膨らみ凶となるため注意してください。

不成就日

要注意日。何事も成就しない、悪い結果を招いてしまう日とされています。結婚、開店、起業など、新しいことを始めるのは避けた方がいい日です。

吉日と不成就日が重なる場合には、あまり新しい行動を起こさない方がベター。

《 月の満ち欠け 》

● 新月

新しいスタートを切るのにいいとき。新しいものを買うのにもいい日とされています。

◐ 上弦

新月から満月へと満ちていくとき。判断力や決断力が高まっているときで、積極的な行動を起こすのに適した日とされています。

◑ 下弦

満月から新月へと欠けていくとき。物事をリセットしたり、デトックスしたり、感情のリセットなどにも向く日とされています。

● 満月

不要なものを手放すのにいい日とされています。

PHASES OF THE MOON

2023 11 November

新スタートの月

毎日の運気をチェック!

DATE		
1 Wed.		ゼロからイチを生むのは大変だけど、得るものは大。
2 Thu.		いつも支えてくれる人に、お礼の気持ちを伝えよう。
3 Fri.		小さなことでも続ければ大きな結果につながるはず。
4 Sat.		手強いライバルが登場。先を越されても焦らないで。
5 Sun. ◐		パートナーと将来について語り合うと素敵な時間に。
6 Mon.		仕事や勉強をサボりたくなるかも。緊張感を保って。
7 Tue.		スキルアップのための勉強を。飽きない工夫も必要。
8 Wed.	不成就日	つい買いすぎてしまいそう。予算を決めておこう。
9 Thu.		いつもと違う格好が吉。リラックスできる服も◎。
10 Fri.		休日に依頼が入りそう。引き受けると信頼度アップ。
11 Sat. 一の酉	一粒万倍日	思いやりが大切な日。いい加減な発言は控えること。
12 Sun.	一粒万倍日	マイナス思考はやめて、前を向いて歩き出そう。
13 Mon. ●		問題が起きても、持ち前の行動力で切り抜けて。
14 Tue.		悩みの解決方法を検索。いいやり方が見つかりそう。
15 Wed.		今年成長した自分をアピール。周りも一目置くはず。

16 Thu.	不成就日	無茶をするとケガの原因に。激しい運動は避けて。
17 Fri.		遊び心が大事。最近流行りのものを試してみよう。
18 Sat.		心に余裕をもとう。おいしいものを食べて気分転換。
19 Sun.		久しぶりの人から連絡がきたら、会う約束をすると◎。
20 Mon. ◐		臨時収入が入る気配。節約より好きなことに使って。
21 Tue.		全力を尽くしたら、あとは結果をのんびり待つのみ。
22 Wed.		うまくいかないなら、人のやり方が参考になるかも。
23 Thu. 二の酉	一粒万倍日	正確さが問われる日。大事な話はメモしておこう。
24 Fri.	一粒万倍日 不成就日	友達が恋愛対象になるかも。心の変化を受け入れて。
25 Sat.		外に出会いのチャンス。家にいないで出かけよう。
26 Sun.		仕事を探しているなら、アンテナを張って情報収集。
27 Mon. ○		覚悟を決めれば強くなれる。弱気な自分とさよなら。
28 Tue.		情報に惑わされず、本当に必要なものを見極めよう。
29 Wed.		自分の個性を出していくことで好運につながりそう。
30 Thu.		周りに合わせるといい日。気遣い上手を目指して。

● 新月 ◐ 上弦 ○ 満月 ◑ 下弦

2023 12 December 物事を見直す月

毎日の運気をチェック!

DATE			
1	Fri.		クリスマスや年末などイベントの計画を立てると吉。
2	Sat.	不成就日	今年の家計を振り返り、来年のやりくりを考えよう。
3	Sun.		頑張ってきたことが報われるとき。周りの人に感謝を。
4	Mon.		運気はやや低迷。一時的に壁が立ちはだかるかも。
5	Tue.	一粒万倍日	たまには夢を買うつもりで宝くじを買って、運試し。
6	Wed.	一粒万倍日	後輩に上から目線でお説教しないよう気をつけて。
7	Thu.	一粒万倍日	地域の活動に参加すると吉。近所からも頼られそう。
8	Fri.	一粒万倍日	カフェで１人の時間を作り、頭の中を整理しよう。
9	Sat.		自分ならではのアイデアで、周囲をあっと驚かせて。
10	Sun.	不成就日	目が疲れているかも。画面を見る時間を減らそう。
11	Mon.		急な呼び出しでも対応をすると、相手といい関係に。
12	Tue.		メールだと誤解が生まれるかも。電話の方がベター。
13	Wed.		勉強を始めてみよう。自然や癒しに関わることが◎。
14	Thu.		パートナーの家に行くときは、手土産を用意して。
15	Fri.		気配りと笑顔を心がければ自然と打ち解けるはず。

16 Sat.			順調だと思っていたことが実はそうじゃないかも。
17 Sun.		不成就日	トラブルが起きたら、相手より先に謝るように。
18 Mon.			師走の忙しさにてんてこまいでも、睡眠は十分に。
19 Tue.		一粒万倍日	仕事もプライベートも、思い残しのないよう全力で。
20 Wed.	◐	一粒万倍日	友達からうれしい報告が。お祝いの言葉を伝えて。
21 Thu.			クリスマスの雰囲気で、2人の関係が進展しそう。
22 Fri. 冬至			つまらないケンカをしたときは、あなたから和解を。
23 Sat.			イルミネーションを見て、ロマンチックなムードに。
24 Sun.			聖なる夜。気の緩みから風邪を引かないように注意。
25 Mon.		不成就日	仲間と1年を振り返り「お疲れさま」と言い合おう。
26 Tue.			欲しかったアイテムが、セールで安く手に入りそう。
27 Wed.	●		忙しくても一息つき、午後からはのんびりモードで。
28 Thu.			今年お世話になった人たちに、感謝のメッセージを。
29 Fri.			マイペースより、周りに合わせると流れがスムーズに。
30 Sat.			親しい相手でも、気持ちをきちんと言葉で伝えて。
31 Sun. 大晦日		一粒万倍日	今年の感謝と来年への願いを言葉にしてみよう。

●新月 ◐上弦 ●満月 ◑下弦

2024 1 January

毎日の運気をチェック!

決断する月

DATE			
1 Mon. 元日		天赦日 一粒万倍日	気持ちを新たに、イメチェンして新年をスタート。
2 Tue.		不成就日	やりたいことを書き出して、今年の抱負を考えよう。
3 Wed.			お餅やおせち料理の食べすぎに注意。胃を休ませて。
4 Thu.	◐		気心の知れた仲間と会うと、運気の流れが上向きに。
5 Fri.			仲良くなりたい人には、自分から話しかけてみて。
6 Sat.			失敗したことに再チャレンジ。今度こそ成功しそう。
7 Sun. 七草			気になる人を誘って食事に行くと、急展開の予感。
8 Mon.			明るく笑顔で過ごすことで、味方が増えていくはず。
9 Tue.			苦手な人の意外な一面を知って、印象が変わるかも。
10 Wed.		不成就日	些細なことを気にしすぎて大事なことを忘れないで。
11 Thu.	●		話が噛み合わない相手とは、距離を置いてみても。
12 Fri.			新規開拓！ 初めて訪れる場所がラッキースポットに。
13 Sat.		一粒万倍日	フットワークを軽くし、人と交流すると運気アップ。
14 Sun.			投資などお金に関する誘いには、慎重に対応を。
15 Mon.			疲れは目から。スマホを見る時間を減らそう。

16 Tue.		一粒万倍日 不成就日	アイデアが浮かんだら、すぐにメモしておくと◎。
17 Wed.			勘に頼るより、確認してから動く方がうまくいく日。
18 Thu.	◐		友達や同僚に声をかけて、新年会を企画すると吉。
19 Fri.			勝負のときの服装は、少し派手なくらいがよさそう。
20 Sat.			温泉に行ってリラックス。日頃のストレスも解消。
21 Sun.			なかなかうまくいかなくても、焦らないように。
22 Mon.			間違いは誰にでもあるもの。反省して次に活かして。
23 Tue.			整理整頓にぴったりの日。いらないものは処分しよう。
24 Wed.		不成就日	頑張りたくても無理は禁物。ペース配分を考えて。
25 Thu.		一粒万倍日	植物に癒されそう。花束を買って帰るのもGOOD。
26 Fri.	○		明るい色のものを持ち歩くと、いいことがあるかも。
27 Sat.			疲れがたまっているなら無理せず早めに就寝。
28 Sun.		一粒万倍日	輪の中心になれる日。アクティブに行動しよう。
29 Mon.			サボらずコツコツ努力を続けることが成功への道。
30 Tue.			昔の同級生に連絡してみると、パワーをもらえそう。
31 Wed.			寒さで体調不良にならないよう、防寒対策をして。

● 新月 ◐ 上弦 ○ 満月 ◑ 下弦

2024

2 February メンテナンスの月

毎日の運気をチェック!

DATE			
1	Thu.	不成就日	ランチは誰かと一緒に。楽しい時間を過ごして。
2	Fri.		ダイエット中でも食事は抜かず、運動で美しい体に。
3 節分	Sat.	◐	受け身でいる方がいい日。自分からは誘わないで。
4	Sun.		生活のリズムが乱れそう。夜更かしはほどほどに。
5	Mon.		自分を磨くためなら、多少の出費には目をつぶろう。
6	Tue.		習い事を始めるといい日。興味のあることに挑戦を。
7	Wed.	一粒万倍日	心が動かないなら断ってもOK。自分の勘を信じて。
8	Thu.		文字を追うのもつらくなったら、休息が必要なとき。
9	Fri.	不成就日	人が集まる場所に行くと、注目されてしまいそう。
10	Sat.	●	うっかりしやすい日。忘れ物がないかよく確認して。
11	Sun.		以前の問題がぶり返したら、信頼できる人に相談。
12	Mon.	一粒万倍日 不成就日	自分だけでなく、周囲も幸せにすることを考えよう。
13	Tue.		もしものときに備えて、防災の知識をつけておいて。
14	Wed.		苦手なことでも、努力すれば克服できる可能性が。
15	Thu.		聞き役に回った方が、トラブルを回避できそう。

16 Fri.		相手の意見や気持ちを尊重し、受け入れてあげよう。
17 Sat. ◐		おもしろそうだと思ったら、すぐに行動に移して。
18 Sun.		前向きな姿勢を見せることが、運気を上げるカギ。
19 Mon.	一粒万倍日	一度決めたなら、迷わず突き進むとうまくいくはず。
20 Tue.	不成就日	誰かを責めるのではなく、協力し合って問題解決を。
21 Wed.		一番のお気に入りのコーディネートで出かけてみよう。
22 Thu.		夜は何もしないで、ボーッと過ごすことで好運に。
23 Fri.		相手にイラッとしたら、出会った頃を思い出して。
24 Sat. ○	一粒万倍日	頑張りを認めてもらえそう。思い切り喜ぼう。
25 Sun.		穏やかな日。いつもお世話になっている人に感謝を。
26 Mon.		慣れている作業でも、最終チェックはしっかりと。
27 Tue.		おしゃべりするなら、周囲の迷惑にならない場所で。
28 Wed.	不成就日	困難があっても、成長するチャンスだと思ってみて。
29 Thu.		早起きして体を動かすと爽やかな１日のスタートに。

● 新月 ◐ 上弦 ○ 満月 ◑ 下弦

2024 3 March

毎日の運気をチェック!

努力が報われる月

DATE		
1 Fri.		自然体でいた方がコミュニケーションもスムーズに。
2 Sat.	一粒万倍日	優先順位をしっかり決めると、順調に進むはず。
3 Sun. ひな祭り		食事が偏っているなら、栄養バランスを整えて。
4 Mon.		うれしい知らせが届くかも。努力が報われそう。
5 Tue.		自分勝手な行動は×。周囲の目を意識しよう。
6 Wed.		お気に入りの服でおしゃれをして出かけてみて。
7 Thu.	不成就日	体を動かして爽快な気分。人との交流もあるかも。
8 Fri.		あなたに共感し、協力してくれる仲間ができる予感。
9 Sat.		ダラダラ過ごすのは×。周りに呆れられてしまいそう。
10 Sun.	一粒万倍日	見方によっては、長所が短所になってしまう場合も。
11 Mon.	不成就日	失敗しても、いい経験だと思って次に活かして。
12 Tue.		情報収集するなら、ネットだけでなく本も使おう。
13 Wed.		集まりには顔を出してみて。いい縁につながりそう。
14 Thu.		夕方以降、調子が崩れそう。ペースダウンして。
15 Fri.	天赦日 一粒万倍日	身近な人の優しさを感じて、心が癒されそう。

16	Sat.		恋愛運が絶好調！ 意中の相手にアプローチして。
17	Sun.		コントロールしようとすると逃げられてしまいそう。
18	Mon.		忙しさに疲れたときは、懐かしい曲を聴いてみて。
19	Tue.	不成就日	頑張ってきたことの結果が、そろそろ出てくるかも。
20	Wed.		やるべきことは早めに終わらせて、羽を伸ばそう。
21	Thu.		口は災いのもと。余計なことは言わないように。
22	Fri.	一粒万倍日	落ち着いて行動すれば、トラブルを回避できる日。
23	Sat.		期待はずれのことがあっても、学びととらえよう。
24	Sun.		年上の人の経験談やアドバイスには、耳を傾けて。
25	Mon.		気になったレシピを試して、得意料理を増やそう。
26	Tue.		夢や目標を周りに宣言！ やる気がわいてくるはず。
27	Wed.	一粒万倍日 不成就日	体調が優れないときに無理は禁物！ 早めに帰宅を。
28	Thu.		運が味方する日。植物を部屋に置くとさらに開運。
29	Fri.		人に助けてもらう前に、自分で解決する努力をして。
30	Sat.		懐かしい人と偶然再会も。連絡先を交換しておこう。
31	Sun.		日頃の恩返しのつもりで、家族や友達とプチ贅沢を。

新月　上弦　満月　下弦

毎日の運気をチェック!

2024 4 April 誘惑が多い月

DATE		
1 Mon.		周りから頼りにされそうな日。期待に応えて。
2 Tue.		予定通りにいかないときでも、焦らないことが大切。
3 Wed.	一粒万倍日	優しい口調と早い対応で、トラブルを切り抜けよう。
4 Thu.	不成就日	ミスをしてしまったら、隠そうとせずに謝ること。
5 Fri.		屋外でのスポーツを始めると、いい気分転換に。
6 Sat.	一粒万倍日	普段は素通りしている場所に、思いがけない発見が。
7 Sun.		自分の成長のためにも、わからないことは調べる癖を。
8 Mon.		あまり頑張ると疲れてしまうかも。休憩をとって。
9 Tue.	一粒万倍日 不成就日	何かとうまくいきそう。ただし油断をしないように。
10 Wed.		心が浮つきやすい日。シャキッと気を引き締めて。
11 Thu.		人に説明するときは、誤解を与えないよう丁寧に。
12 Fri.		家計簿アプリを使うと、やりくり上手になれるはず。
13 Sat.		リラックスできる場所でゆっくりするといい1日に。
14 Sun.		知ったかぶりをせず、素直に質問してトラブル回避。
15 Mon.		どんな人の前でも、謙虚さを忘れずにいよう。

16	Tue. ◐		無駄な出費があるかも。カード払いに気をつけて。
17	Wed.	不成就日	見切り発車はNG。十分なリサーチをするように。
18	Thu.	一粒万倍日	きれいな新緑を見ると気分もリフレッシュできそう。
19	Fri.		欲張らず、1つに狙いを定めれば結果が出るはず。
20	Sat.		マイペースもいいけれど、ときには協調性も必要。
21	Sun.	一粒万倍日	運気の流れは上向き。周囲から一目置かれる存在に。
22	Mon.		集中力が落ちやすい日。よく確認をしてミスを防止。
23	Tue.		自分磨きは後回しにせず思い立ったときに始めよう。
24	Wed. ○		仕事での付き合いは大切に。人脈が広がりそう。
25	Thu.	不成就日	欲しかったものが見つかるかも。まずお財布と相談を。
26	Fri.		たとえ心惹かれても、危険な誘惑には乗らないこと。
27	Sat.		発言に気をつけて。冗談が通じないことがありそう。
28	Sun.		身の回りを整理整頓するのにぴったりのタイミング。
29	Mon.		いろんなジャンルの本を読むと、知識が増えて吉。
30	Tue.	一粒万倍日	可能性が広がりそう。気になることは試してみて。

● 新月 ◐ 上弦 ○ 満月 ◑ 下弦

2024 5 May 再挑戦できる月

毎日の運気をチェック!

DATE		
1 Wed. ◑		神社仏閣に足を運ぶと、運気アップにつながる日。
2 Thu.		ストレスを感じたときは、大きく深呼吸してみて。
3 Fri.	一粒万倍日 不成就日	自然のあるところに行って、リフレッシュしよう。
4 Sat.		遊び心がムクムク。はしゃぎすぎないように注意。
5 Sun. 端午の節句		仲よくなりたい人には、積極的に話しかけてみて。
6 Mon.		気分が高まる日。昔からの夢に一歩近づけるかも。
7 Tue.		大事なことは午前中に終わらせておくとGOOD。
8 Wed. ●		誰かにイライラするのは、自分と似ているからかも。
9 Thu.		勘違いされないよう、意見や考えをしっかり伝えて。
10 Fri.		部屋を掃除するといい日。使っていない物は処分を。
11 Sat.	不成就日	よく知っている人でも、見方を変えれば新たな一面が。
12 Sun.		アイデアを人に話してみると、実現に近づきそう。
13 Mon.		勢い任せより、慎重に行動する方が成功への近道。
14 Tue.		午後から息切れしそう。ペース配分を考えて作業を。
15 Wed. ◐	一粒万倍日	これまでの経験を活かすことで、最高の結果に。

16	Thu.		一粒万倍日	捉え方を変えれば、悩みもちっぽけに感じられそう。
17	Fri.			自分らしさを追求すると、ステップアップの予感。
18	Sat.			お金に関する知識を増やせば、今後の役に立つはず。
19	Sun.		不成就日	いつもそばにいてくれる人への感謝を言葉にしよう。
20	Mon.			間違いを指摘してくれる人ほど大切にし感謝を。
21	Tue.			誰かと自分を比べるよりも、やるべきことに集中。
22	Wed.			クローゼットを整理。夏服の準備は今のうちに。
23	Thu.	○		忘れたくないことは手帳やスマホにメモしておこう。
24	Fri.			忙しい毎日でも緑に触れることで心が癒されそう。
25	Sat.			迷ったときは、直感に従って決めるとうまくいく日。
26	Sun.			体のどこかに痛みがあるなら、メンテナンスを。
27	Mon.		一粒万倍日 不成就日	目標にする人を決めると、モチベーションアップに。
28	Tue.		一粒万倍日	ボーッとしていたらもったいない日。活発に動いて。
29	Wed.			苦手なことでも、挑戦すれば克服できそうな運気。
30	Thu.		天赦日	臨時収入が入るかも。自分磨きのために使うと開運。
31	Fri.	◑		お気に入りのお店に足を運ぶと、いい気分転換に。

●新月 ◐上弦 ○満月 ◑下弦

2024 6 June 吉凶混ざり引きが強い月

毎日の運気をチェック!

DATE		
1 Sat.		計画に詰めの甘さが出そう。慌てず立て直して。
2 Sun.		苦手なことをする流れになりそう。これも勉強に。
3 Mon.		食べすぎに注意して、体の中からきれいに整えて。
4 Tue.	不成就日	なかなか結果が出なくても、諦めないことが大事。
5 Wed.		最近流行っていることには、どんどん挑戦すると◎。
6 Thu. ●		将来に関わる大きな決断をすることになるかも。
7 Fri.		苦情を受けたときは、誠実に対応して早めに解決を。
8 Sat.		人気者になれる日。笑顔で過ごせば周囲もハッピー。
9 Sun.		嫌なことを後回しにしていると、後悔するハメに。
10 Mon.	一粒万倍日 不成就日	うまくいかないときは、立ち止まって見直してみて。
11 Tue.	一粒万倍日	活躍できる運気。困っている人に手を貸そう。
12 Wed.		目標を達成できたら、また次の目標を考えて。
13 Thu.		暴飲暴食は避けて胃腸に優しい食事を心掛けよう。
14 Fri. ◐		家庭菜園をすると、ストレス解消になってGOOD。
15 Sat.		持ちものを失くしやすい日。外出先ではよく確認を。

16	Sun.		新しい趣味を始めてみると、想像以上に楽しめそう。
17	Mon.		年下からの相談には、親切にのってあげると好印象。
18	Tue.	不成就日	お金の知識を身につけて不要な出費を減らそう。
19	Wed.		見栄をはらず、等身大の自分でいることを意識して。
20	Thu.		いい運気の流れにのれる日。積極的に行動しよう。
21	Fri.		つい買い物しすぎないよう注意。節約を心がけて。
22	Sat.	一粒万倍日	過去に失敗したことも、いまなら成功する可能性大。
23	Sun.	一粒万倍日	対人運がいい日。意外な相手と仲よくなれるかも。
24	Mon.		盛り上げ役で魅力を発揮。細やかな配慮も忘れずに。
25	Tue.		嫌なことがあったら、目を閉じてゆっくり深呼吸を。
26	Wed.	不成就日	挫折しても、その経験が役立つ日がきっとくるはず。
27	Thu.		直感があてにならない日。よく調べて判断しよう。
28	Fri.		不得意な分野にあえて挑戦すると、成長できそう。
29	Sat.		友達と情報交換することで、新しい道が開けるはず。
30	Sun. 夏越の祓		決断をするのにいい日。勇気を出して一歩踏み出そう。

新月 上弦 満月 下弦

毎日の運気をチェック!

2024 7 July 振り返ってみる月

DATE		
1 Mon.		体調不良が続くなら、病院で検査を受けてみて。
2 Tue.		いつも応援してくれる人に改めて感謝を伝えると吉。
3 Wed.		目上の人からのアドバイスには素直に耳を傾けて。
4 Thu.	一粒万倍日 不成就日	昔が懐かしくなったら当時の友達に連絡してみよう。
5 Fri.	一粒万倍日	金運がいい日。思わぬ収入があったら自己投資に。
6 Sat. ●		用事は午前中に済ませて、午後はのんびり過ごそう。
7 Sun. 七夕		ぽっかり空いた時間は、読書や資格取得の勉強を。
8 Mon.	一粒万倍日	自分だけのためではなく、みんなのために頑張ろう。
9 Tue.		予想外の出来事が起きるかも。落ち着いて対応を。
10 Wed.		話題の映画を見ると、話のネタにもなってGOOD。
11 Thu.	不成就日	熱中症に注意。外出するときは帽子や日傘をもって。
12 Fri.		素直になれば、気になる相手との距離が縮まりそう。
13 Sat.		疲れがたまっているかも。1日ゆっくりして回復を。
14 Sun. ◐		気心の知れた仲間と集まると、絆がより深まりそう。
15 Mon.		親しい相手でも失礼な態度はNG。約束も守ること。

16 Tue.		仕事や勉強がはかどりそう。確認作業もしっかりと。
17 Wed.	一粒万倍日	緑のある場所に行くと気分転換できて運気もアップ。
18 Thu.		素敵な出会いがあるかも。自分から話しかけてみて。
19 Fri.	不成就日	波乱の予感。周りに合わせて過ごした方がよさそう。
20 Sat.	一粒万倍日	言い訳したくなっても我慢。相手の話を聞くように。
21 Sun. ○		失敗をいつまでも引きずらず、前を向くことが大切。
22 Mon.		行ったことのない場所を訪れると発見があるはず。
23 Tue.		笑い話がモチベーションアップにつながる日。
24 Wed.		今日やるべき仕事や勉強を、明日に回さないように。
25 Thu.		冷房で体調を崩しそう。体を温めることを意識して。
26 Fri.		魅力がアップする日。自然体で過ごしていれば◎。
27 Sat.	不成就日	乗り物のトラブルに注意。車の運転は安全第一で。
28 Sun. ◑		チャンスが巡ってきたら、全力でつかみにいこう。
29 Mon.	天赦日 一粒万倍日	大変だった案件が一段落つきそう。自分にご褒美を。
30 Tue.		早起きで開運。やり残したことは早めに片づけて。
31 Wed.		重要なことを見落としていないか、よく確認しよう。

毎日の運気をチェック!

2024 8 August 運気が低迷する月

DATE			
1	Thu.	一粒万倍日	第一印象がよくなるような服装や言葉遣いを意識。
2	Fri.		身の回りを整理するといい日。気分もスッキリ。
3	Sat.		意味のないこだわりは、手放した方がいいかも。
4	Sun.		体力が落ちぎみ。生活習慣を見直してみよう。
5	Mon.		表に立つよりも裏方に回った方が楽しめそうな日。
6	Tue.	不成就日	愚痴に付き合うと余計な疲れが。早めに切り上げて。
7	Wed.		いいところを相手に譲ってあげると、運気アップに。
8	Thu.		ゴールが遠く感じても、諦めずに一歩一歩進もう。
9	Fri.		不要品を捨てる前に、再利用できないか考えてみて。
10	Sat.		家族や親戚と会うときは、手土産をもっていくと吉。
11	Sun.	一粒万倍日	人に頼らず自分の力で乗り切れば、自信もつきそう。
12	Mon.	天赦日	悩みは年上の人に相談を。自分を変えるきっかけに。
13	Tue.		運気はやや低迷。うっかりミスに気をつけよう。
14	Wed.	不成就日	大切なものを守るために、ときに苦労も引き受けて。
15	Thu.		知識不足を素直に認め、地道に勉強するように。

16	Fri.		一粒万倍日	1人で決めずに、周囲の意見も取り入れよう。
17	Sat.			直感が冴えわたる日。自分を信じて踏み出して。
18	Sun.			寝不足は美容の大敵。肌のためにもしっかり睡眠を。
19	Mon.			今日は1人で行動するより誰かと一緒の方が◎。
20	Tue.	○		気が散りやすくなりそう。目の前のことに集中して。
21	Wed.			甘い誘惑には注意しよう。落とし穴があるかも。
22	Thu.		不成就日	急な出費のためにも貯金の習慣化を意識しよう。
23	Fri.		一粒万倍日	夜は家でのんびり過ごし、心身ともにリラックス。
24	Sat.			思い通りにいかないときは、流れに身を任せても。
25	Sun.			勘違いしやすい日。噂話はうのみにしないように。
26	Mon.	◑		状況が変わる可能性があるので、約束は控えよう。
27	Tue.			おいしい話には裏がありそう。まずは疑ってみて。
28	Wed.		一粒万倍日	軽い運動をすると、晴れやかな気分になれるはず。
29	Thu.			大事な話はメモで残しておくと、あとあと安心。
30	Fri.		不成就日	今日は車よりも公共交通機関を利用した方がベター。
31	Sat.			思い切った挑戦をするなら、準備はぬかりなく。

● 新月 ◐ 上弦 ○ 満月 ◑ 下弦

2024 9 September

毎日の運気をチェック!

八方塞がりになりやすい月

DATE		
1 Sun.		人は人。うらやましく思っても、一時的な感情かも。
2 Mon.		悩みがあるなら、仲間に相談すると解決の糸口が。
3 Tue. ●		臨時収入が入っても、勢いで使い過ぎないように。
4 Wed.	一粒万倍日 不成就日	大事な人を疑ってしまうかも。しばらく様子を見て。
5 Thu.		人のことが気になるなら、デジタルデトックスを。
6 Fri.		その場しのぎは×。長い目で見て身になる方を選択。
7 Sat.		親しい間柄でも、お金の貸し借りはしないこと。
8 Sun.		新しいことを始めるより、続けてきたことに注力を。
9 Mon. 重陽の節句		調子にのるとミスするかも。慎重に行動するように。
10 Tue.		自己中心的にならず、人の立場に立って考えよう。
11 Wed. ◐		1人の時間を作ると、気持ちが落ち着くはず。
12 Thu.	一粒万倍日 不成就日	緑のある場所へ足を運べば、リフレッシュできそう。
13 Fri.		服を選ぶときは、行き先の雰囲気に合わせよう。
14 Sat.		久しぶりに会う人に、今の自分の印象を聞いてみて。
15 Sun.		目先のことに追われているかも。もっと広い視野で。

16	Mon.		意外な人から誘われそう。親しくなるチャンス!
17 中秋の名月	Tue.	一粒万倍日	ストレス発散になっても、お酒はほどほどにして。
18	Wed. ○		楽しくても大勢の人がいる場所でははしゃがないで。
19	Thu.		着なくなった服は、家族や友達に譲ると喜ばれそう。
20	Fri.	不成就日	運動不足かも。空いた時間に近所を散歩してみて。
21	Sat.		いつもとは違った休日の過ごし方でリフレッシュ。
22	Sun.		人と話すときは丁寧な言葉遣いを心がけてみよう。
23	Mon.		具合が悪い場合は、周囲の人に甘えてみても。
24	Tue.	一粒万倍日	一生懸命頑張ったぶんだけ、自信につながるはず。
25	Wed. ◑		オンとオフの切り替えを、しっかりするよう意識。
26	Thu.		身内に甘え過ぎて、わがままを言い過ぎないように。
27	Fri.		アート作品を鑑賞すると、感性が磨かれてGOOD。
28	Sat.	不成就日	何かを得るためには、何かを手放すことも必要。
29	Sun.	一粒万倍日	人に親切にするときは、見返りを期待しないで。
30	Mon.		イライラしてしまうなら、1人になって深呼吸をしよう。

● 新月 ◐ 上弦 ○ 満月 ◑ 下弦

毎日の運気をチェック!

2024 10 October リセットの月

DATE			
1	Tue.		お金の計算は面倒くさがらずに。しっかり節約しよう。
2	Wed.		いつもより念入りなスキンケアで、美人度アップ。
3	Thu.	● 不成就日	自分勝手はNG。人のために行動するよう意識して。
4	Fri.		多少言いにくくても、自分の意見はしっかり伝えて。
5	Sat.		なんとなく不調が続いているなら、一度病院へ。
6	Sun.	一粒万倍日	悩んでいたことが解決に向かいそう。希望をもって。
7	Mon.		集中力が続かないかも。小さなミスに気をつけよう。
8	Tue.		ストレスがたまっているみたい。上手に発散して。
9	Wed.	一粒万倍日	ゴールはまだ先でも、頑張っている自分にご褒美を。
10	Thu.		我慢していることがあるなら、一度話し合ってみて。
11	Fri.	◐ 天赦日 不成就日	印象だけで判断せず、広い視野をもつといいかも。
12	Sat.	一粒万倍日	大切な人が落ち込んでいたら、そっと寄りそって。
13	Sun.		過ぎたことは忘れて、今後のことに目を向けよう。
14	Mon.		心配していたことが解決して、ひと安心できるかも。
15	Tue.		自己投資のためなら、出費はケチらないこと。

16 Wed.		結果が出ないなら、断念するのも1つの選択。
17 Thu. ◯		免疫力が落ちやすい日。栄養のあるものを食べよう。
18 Fri.		毎日忙しくても、好きなことをする時間は大切に。
19 Sat.	不成就日	現実は甘くないと思う出来事が。くじけず前を見て。
20 Sun.		ケンカした相手とは、自分から話しかけて仲直りを。
21 Mon.	一粒万倍日	いい知らせが届く予感。ささやかなお祝いをしよう。
22 Tue.		本音を言える人を誘って、話を聞いてもらうと◎。
23 Wed.		飲みすぎ・食べすぎは×。適当なところでセーブを。
24 Thu. ◑	一粒万倍日	自信過剰にならず、謙虚な姿勢を見せるとよさそう。
25 Fri.		無駄遣いに注意。お店に寄らず、まっすぐ帰宅して。
26 Sat.		新しいお店を開拓。お気に入りに出合えるかも。
27 Sun.	不成就日	運動不足なら、家にこもらず近所を散歩しよう。
28 Mon.		嫌なことがあっても、大人な態度で受け流そう。
29 Tue.		疲れが一気に出るかも。仕事は早めに切り上げて。
30 Wed.		躊躇せず、積極的に行動すれば、憧れに近づけそう。
31 Thu.		遊びが楽しくても、仕事や勉強を疎かにしないで。

● 新月 ◐ 上弦 ◯ 満月 ◑ 下弦

2024 11 November 新スタートの月

毎日の運気をチェック!

DATE			
1	Fri.		久しぶりの人に偶然会ったら、今後縁があるのかも。
2	Sat.	一粒万倍日	友達と一緒に新しいことに挑戦すると運気アップ。
3	Sun.		言えずにいた「ありがとう」を伝えるといい日。
4	Mon.	不成就日	メールを送るとき、うっかり宛先を間違えないよう注意。
5 一の酉	Tue.	一粒万倍日	寝る前は、ヨガやストレッチをして体をほぐそう。
6	Wed.		本音を話せる友達は一生もの。大切にして。
7	Thu.		興味をもったものは、どんどん試してみると吉。
8	Fri.		セルフマッサージで、肩こりや腰痛を予防しよう。
9	Sat.		何を言われても気にせず、自分らしくいればOK。
10	Sun.		気持ちが顔に出てしまいそう。笑顔を意識して。
11	Mon.		運気の流れがいい日。仕事や勉強がはかどりそう。
12	Tue.	不成就日	だらしないのは×。誰かが見ていると思って行動を。
13	Wed.		あえて1人になってみると、わかることがあるはず。
14	Thu.		何かを創作することで、自信アップにつながりそう。
15	Fri.		早起きで充実した1日に。夜は早めに休んで。

16 Sat.		アドバイスをもらったら、素直に従ってみると◎。
17 Sun. 二の酉	一粒万倍日	頭で考えるより体を動かした方が成功に近づきそう。
18 Mon.	一粒万倍日	机の周りをきれいにすると、意欲が湧いてくるはず。
19 Tue.		未体験のことにチャレンジ。新しい発見があるかも。
20 Wed.	不成就日	身近な人の意外な一面を知っても、驚かないで。
21 Thu.		アイデアが浮かんだら、忘れないようにメモを。
22 Fri.		背伸びするのもいいけれど、自分らしさを大切に。
23 Sat.		仲のいい友達と過ごすと、夢や目標が膨らむかも。
24 Sun.		順調なときほど、調子にのらないよう気をつけて。
25 Mon.		話題作りのためにも最新のニュースをチェック。
26 Tue.		コツコツ頑張ってきたことの結果が出そうな日。
27 Wed.		いつも見守ってくれている人に、感謝を伝えよう。
28 Thu.	不成就日	誤解やすれ違いに注意が必要。こまめに連絡して。
29 Fri. 三の酉	一粒万倍日	財布の紐がゆるむ日。本当に必要なものだけ買おう。
30 Sat.	一粒万倍日	思い通りにいかないときは、やり方を変えてみて。

新月 上弦 満月 下弦

2024 12 December 物事を見直す月

毎日の運気をチェック!

DATE			
1	Sun.		役に立つ情報を周りにも教えてあげると開運に。
2	Mon.		大切な人へのクリスマスプレゼントを探してみよう。
3	Tue.		決心できる日。迷っていたことに結論を出せそう。
4	Wed.		風邪に注意。帰宅したらうがい・手洗いを忘れずに。
5	Thu.	不成就日	面倒なことでも、目標を掲げてみると頑張れそう。
6	Fri.		自慢話は控えて、相手を褒めることを心掛けて。
7	Sat.		年末の過ごし方を考えて、早めに店を予約しよう。
8	Sun.		ちょっと贅沢をして、いいレストランで食事を。
9	Mon.		朝活で運気アップ。早め早めに動くとよさそう。
10	Tue.		予定の変更があるかも。気持ちを切り替えて。
11	Wed.		自己主張は控えて。周りのペースに合わせよう。
12	Thu.		人から借りた物は、壊さないよう丁寧に扱って。
13	Fri.	一粒万倍日 不成就日	明るい色の服を着ていくと、自然と笑顔が増えそう。
14	Sat.	一粒万倍日	自信がないなら、自分磨きのプランを立てよう。
15	Sun.		欠点を克服するより、長所を伸ばした方が効果的。

16	Mon.		ストレスがたまりやすい日。甘い物で気分転換して。
17	Tue.		年下と仲良くすると、運気の流れがよくなりそう。
18	Wed.		メッセージの誤送信に注意。宛先を確認するように。
19	Thu.		昔の友達に連絡してみると、いいことがありそう。
20	Fri.		うれしい知らせが届くかも。喜びは素直に表現して。
21 冬至	Sat.	不成就日	集まりでは周りを観察して、さりげなく気配りを。
22	Sun.		やる気が起きないときは、温かい飲み物でリセット。
23	Mon. ◑		口をすべらせて秘密を漏らさないよう気をつけて。
24	Tue.		大切な人に感謝の気持ちを伝えて一緒に過ごそう。
25	Wed.	一粒万倍日	聖なる日は、少額でも寄付をすると運気アップに。
26	Thu.	天赦日 一粒万倍日	来年に向けて、新しいことを始めると楽しめそう。
27	Fri.		仕事納めの人は、最後まで気を引き締めよう。
28	Sat.		この１年頑張ってきた自分を褒めてあげて。
29	Sun.	不成就日	来年はどんな年にしたいか考えて、いまから準備を。
30	Mon.		出先で体を冷やさないよう防寒して出かけて。
31 大晦日	Tue. ●		大晦日は家族や大切な人に感謝を伝えると好運に。

● 新月 ◐ 上弦 ○ 満月 ◑ 下弦

OTHER PROFILE

他の天星のプロフィール

天星は全部で12タイプ。
自分以外の天星についても知って、
人付き合いに役立ててくださいね。

Profile

載っていること

基本性格

各天星のトリセツ

2024年の開運のカギ

開運色・アイテム・スポット

2024年の開運相性

その星から見た基本の相性

MOON

柔らかな愛と
“繊細な光のエネルギー”をもつ

月グループ

バランス感覚と
“自然な光のエネルギー”をもつ

地球グループ

EARTH

秘めたパワーと
“情熱の光のエネルギー”をもつ

太陽グループ

SUN

満月

情にあふれたロマンチスト

基本性格

想像力が豊かで温かい心をもったロマンチストな反面、冷静で現実主義的に考える面ももち合わせているタイプ。周囲の人を気遣い、困っている人を放っておけない優しさがあるため、知らないうちに気疲れしてしまいがちです。安心してのんびりできる居場所を用意して、自分を癒すことも大切に。

満月のトリセツ

⬆好きなこと・喜ぶこと

- 温泉にゆったり浸かる
- サプライズ（する、される）
- 喜んでくれる人、素直な人
- 好きなだけ寝ること
- 趣味や遊びの共有
- 優しい言葉をかけられる

⬇嫌がること・ストレスになること

- 余裕がない状況
- 不安や心配を抱え込む
- 競争、戦い
- 無視や仲間はずれ
- 威圧的な態度
- 否定的な人、無神経な人

2024年の開運のカギ

やるといいこと	生活に運動や筋トレを取り入れる
気をつけるべきこと	オン・オフの切り替え、自律神経を整える

2024年の開運相性

恋愛運を上げる天星	仕事運をのばす天星	金運をのばす天星
満月 × 上弦の月	満月 × 満月	満月 × 夕焼け

基本の開運色
紫

2024年の開運色
ミントグリーン

2024年の開運アイテム
手帳型スマホケース

2024年の開運スポット
フラワーパーク

天星タイプ別 基本の相性

満月 × 満月 ★★★★★	満月 × 大陸 ★★★☆☆
満月 × 上弦の月 ★★★★★	満月 × 海 ★☆☆☆☆
満月 × 下弦の月 ★★★★☆	満月 × 朝日 ★★☆☆☆
満月 × 新月 ★★★★☆	満月 × 真昼 ★★★★☆
満月 × 空 ★★★☆☆	満月 × 夕焼け ★★★★☆
満月 × 山脈 ★★★☆☆	満月 × 深夜 ★☆☆☆☆

★下弦の月★

ノリで勝負な愛嬌の達人

基本性格

好奇心旺盛で大器晩成型の気質をもち、出世するタイプ。仲よくなると気さくで、興味があることであれば臨機応変に対応できるなど順応性は高め。ただし飽きっぽくて集中力のないところがあり、興味のない話は聞いている風。根は明るく少し抜けている天然タイプですが、そこが大きな魅力です。

下弦の月のトリセツ

⬆好きなこと・喜ぶこと

- 好きな人たちからの応援
- 家族にほめられること
- 可能性を広げてくれる人
- 無添加や体によいもの
- 一流に触れること
- 自分を尊重してくれる人

⬇嫌がること・ストレスになること

- 否定されること
- 間違いを正されること
- 忘れないでと強制される
- 孤独感
- 「好き」を共感されない
- 責任を問われること

2024年の開運のカギ

やるといいこと	責任をもって何事も最後までやり抜く
気をつけるべきこと	キツイ口調や上辺だけの返事

2024年の開運相性

恋愛運を上げる天星	仕事運をのばす天星	金運をのばす天星
下弦の月 × 空	下弦の月 × 大陸	下弦の月 × 真昼

基本の開運色
黄色

2024年の開運色
ピンクベージュ

2024年の開運アイテム
財布

2024年の開運スポット
神社仏閣

天星タイプ別 基本の相性

下弦の月 × 満月	★★☆☆☆	下弦の月 × 大陸	★★★★★
下弦の月 × 上弦の月	★★★★☆	下弦の月 × 海	★★★★☆
下弦の月 × 下弦の月	★★★☆☆	下弦の月 × 朝日	★☆☆☆☆
下弦の月 × 新月	★☆☆☆☆	下弦の月 × 真昼	★★★☆☆
下弦の月 × 空	★★★★☆	下弦の月 × 夕焼け	★★★★☆
下弦の月 × 山脈	★★★☆☆	下弦の月 × 深夜	★★★★★

新月

想像力が豊かな寂しがり屋

CHARACTER KEYWORD

- 知りたがりの星
- あまのじゃくな星
- 寂しがり屋の星
- ナイーブの星
- 慎重派の星

基本性格

想像力が豊かでクリエイティブな発想に優れています。芸術的センスも抜群。本心を隠す傾向があり、警戒心が強い反面、本質は寂しがり屋です。心を許せる相手には本当の自分をさらけ出すことができます。自分の信念をもち、知識や能力を高めることに集中するといい方向にいくでしょう。

新月のトリセツ

⬆好きなこと・喜ぶこと

- マメな連絡、情報の共有
- 記念日を大切にすること
- 真剣な話し合い
- 気にかけてくれる人
- 好きなものを写真に収める
- 自分の考えに寄り添う人

⬇嫌がること・ストレスになること

- いい加減な態度
- 既読スルー
- 苦しみを分かち合えない
- 場を乱す人
- SOSを見過ごされる
- ひとりぼっちにされる

2024年の開運のカギ

やるといいこと	感動体験やワクワクすることをしてみる
気をつけるべきこと	自信をなくさない

2024年の開運相性

恋愛運を上げる天星	仕事運をのばす天星	金運をのばす天星
新月 × 深夜	新月 × 夕焼け	新月 × 朝日

基本の開運色
銀色

2024年の開運色
エメラルドグリーン

2024年の開運アイテム
ピンキーリング

2024年の開運スポット
星空がキレイな場所

天星タイプ別 基本の相性

新月 × 満月 ★★★★☆	新月 × 大陸 ★★★☆☆
新月 × 上弦の月 ★★★★☆	新月 × 海 ★★★★☆
新月 × 下弦の月 ★★☆☆☆	新月 × 朝日 ★★★★★
新月 × 新月 ★☆☆☆☆	新月 × 真昼 ★★★★☆
新月 × 空 ★★★★☆	新月 × 夕焼け ★☆☆☆☆
新月 × 山脈 ★★☆☆☆	新月 × 深夜 ★★★★☆

★ 空 ★

包容力豊かな頑張り屋さん

基本性格

面白そうなことが大好きで、寛大な心のもち主。面倒見がよく困っている人を放っておけず、つい張り切ってしまうタイプ。自分に自信がないため人と比べ落ち込むと愚痴が多めに。どこか抜けていてツメが甘い面がある一方、仕事と恋愛の両立も得意な頼れるマルチプレーヤー。見栄っ張りで身内に冷たくなる傾向も。

空のトリセツ

⬆好きなこと・喜ぶこと

- いきつけの場所に行く
- 手土産（もらう、あげる）
- 気の合う人と食事＆談笑
- 自慢できる環境
- 満足感がある買い物
- お茶の時間

⬇嫌がること・ストレスになること

- 注意されること
- プライドを傷つけられる
- 仕事を邪魔される
- 異性関係に口出しされる
- すぐに対応しない人
- 待たされること

2024年の開運のカギ

やるといいこと	食のバランスを大切にし、欲を制御
気をつけるべきこと	体の不調のサインを見過ごさない

2024年の開運相性

恋愛運を上げる天星	仕事運をのばす天星	金運をのばす天星
空×下弦の月	空×朝日	空×上弦の月

基本の開運色
水色

2024年の開運色
白

2024年の開運アイテム
キーケース

2024年の開運スポット
レトロな喫茶店

天星タイプ別 基本の相性

空×満月 ★★★☆☆	空×大陸 ★★☆☆☆
空×上弦の月 ★★★★☆	空×海 ★★★★☆
空×下弦の月 ★★★★☆	空×朝日 ★★☆☆☆
空×新月 ★★☆☆☆	空×真昼 ★★★★☆
空×空 ★★★★★	空×夕焼け ★★☆☆☆
空×山脈 ★★★★☆	空×深夜 ★★★★★

山脈

平和主義なお茶目さん

基本性格

1つひとつ着実に自信をつけ、協調性を重んじる安定志向タイプ。興味をもてない人付き合いは面倒に思いがちですが、周りを和ませる愛嬌があり、実は幅広い交友関係を築ける社交性を隠しもっています。ドライなリアリストで論理的な面も。ほめられたり、認められることで大きく成長します。

山脈のトリセツ

⬆好きなこと・喜ぶこと

- 自然なほめまくり攻撃
- 自分の目標をクリア！
- 自分のペースで進行
- お得を感じること
- 趣味に没頭できること
- レアな物、価値がある物

⬇嫌がること・ストレスになること

- 面倒くさいこと
- 自分に無関係な話
- 効率が悪いこと
- タスクが終わらない状況
- 騒がしい場所や大きな音
- 非常識なこと

2024年の開運のカギ

やるといいこと　1人の時間やリフレッシュを大切に

気をつけるべきこと　自分にも人にも厳しくしない

2024年の開運相性

恋愛運を上げる天星	仕事運をのばす天星	金運をのばす天星
山脈×**海**	山脈×**山脈**	山脈×**大陸**

基本の開運色
緑

2024年の開運色
黄色

2024年の開運アイテム
トートバッグ

2024年の開運スポット
緑が多く静かな場所

天星タイプ別 基本の相性

山脈×満月 ★★★☆☆	山脈×大陸 ★★☆☆☆
山脈×上弦の月 ★★☆☆☆	山脈×海 ★★★☆☆
山脈×下弦の月 ★★★★★	山脈×朝日 ★★★★☆
山脈×新月 ★☆☆☆☆	山脈×真昼 ★☆☆☆☆
山脈×空 ★★★★☆	山脈×夕焼け ★★★☆☆
山脈×山脈 ★★★★☆	山脈×深夜 ★★★☆☆

★大陸★

冷静沈着な感性先取りタイプ

基本性格

才能豊かで独自のセンスのもち主。穏やかに見えて正義感が強く、決断が早く勝気なところも。情にもろく義理堅い面もあり、一旦やると決めたらやり抜く責任感の強い人です。実は慎重で小心者なので無意識のうちに自分を守ろうとしますが、親しい人の間では可愛いムードメーカーになるタイプです。

大陸のトリセツ

⬆好きなこと・喜ぶこと

- 憧れ、尊敬されること
- 成功すること
- すべて把握できる環境
- 自分が1番の状況
- 時間配分通りに進むこと
- ストレス解消の買い物

⬇嫌がること・ストレスになること

- バカにされること
- 口だけの人
- 手柄を奪われること
- 自分から折れること
- 弱い面を見破られること
- 服装やセンスへの口出し

2024年の開運のカギ

やるといいこと	“笑い”を大切にしてみる
気をつけるべきこと	すべて1人で抱え込まない

2024年の開運相性

恋愛運を上げる天星	仕事運をのばす天星	金運をのばす天星
大陸 × 夕焼け	大陸 × 下弦の月	大陸 × 山脈

基本の開運色
赤

2024年の開運色
シルバー

2024年の開運アイテム
ネイル
ハンドクリーム

2024年の開運スポット
湧き水がおいしい所

天星タイプ別 基本の相性

組み合わせ	相性	組み合わせ	相性
大陸 × 満月	★★★☆☆	大陸 × 大陸	★★★☆☆
大陸 × 上弦の月	★★★★☆	大陸 × 海	★★★★☆
大陸 × 下弦の月	★★★☆☆	大陸 × 朝日	★★★★★
大陸 × 新月	★★☆☆☆	大陸 × 真昼	★☆☆☆☆
大陸 × 空	★★★★☆	大陸 × 夕焼け	★★★★☆
大陸 × 山脈	★★☆☆☆	大陸 × 深夜	★★★☆☆

海

二面性を隠しもった完璧主義者

CHARACTER KEYWORD

- 小悪魔タイプの星
- 負けず嫌いの星
- 一生懸命の星
- 計算高い星
- 内弁慶の星

基本性格

広く穏やかな海のように優しい雰囲気をもつ反面、完璧主義で深い海のように底知れぬ野心を隠しもっているタイプ。奥深くには、自分を守る強力な保護があり、自分軸が強め。人を信用するまで時間がかかります。自分でも自覚できていない思い込みや思考の癖をもつ実は頑固な人。本音を語らず、少々ドライな一面もあります。

海のトリセツ

⬆好きなこと・喜ぶこと

- 特別扱いされること
- 若く見られほめられること
- 丁寧にお礼を言われる
- ツボを押さえたほめ言葉
- 理解してもらえること
- 秘密を共有した優位な状況

⬇嫌がること・ストレスになること

- 自分のルールを変えること
- 人前で怒られること
- 自分をさらけ出すこと
- 短所を指摘してくる人
- 土足で踏み込まれること
- 思い通りにならないこと

2024年の開運のカギ

やるといいこと	謙虚な気持ちで心からの感謝をする
気をつけるべきこと	自分の固定観念に捉われない

2024年の開運相性

恋愛運を上げる天星	仕事運をのばす天星	金運をのばす天星
海×真昼	海×深夜	海×朝日

基本の開運色
青

2024年の開運色
オレンジ

2024年の開運アイテム
ゴールドピアス イヤリング

2024年の開運スポット
動物がいる場所

天星タイプ別 基本の相性

組み合わせ	相性	組み合わせ	相性
海×満月	★★☆☆☆	海×大陸	★★★☆☆
海×上弦の月	★☆☆☆☆	海×海	★☆☆☆☆
海×下弦の月	★★★☆☆	海×朝日	★★★☆☆
海×新月	★★☆☆☆	海×真昼	★★★☆☆
海×空	★★★★☆	海×夕焼け	★☆☆☆☆
海×山脈	★★★★☆	海×深夜	★★★★★

朝日

自由気ままな気分屋さん

基本性格

マイペースで冒険心旺盛、楽しいことが大好き。実は人見知りですが、趣味やノリが同じ人とはすぐに仲よくなれます。根は無邪気で、意外に単純。枠にはまらず自由に生きたいという願望も。飽きっぽいですが、気分がのれば驚くほどの行動力を発揮し、周りを驚かせることもあります。

朝日のトリセツ

⬆好きなこと・喜ぶこと

- 自由な自分の時間
- 好きなことをやれる環境
- 優位に立てる状況
- 尊敬されること
- ゲームや漫画タイム
- 趣味やノリが同じこと

⬇嫌がること・ストレスになること

- 強制されること
- ルールを無視する人
- 細かい指示や確認作業
- 自分の時間を邪魔する人
- 比べられたりバカにされる
- 逃げ場がないこと

2024年の開運のカギ

やるといいこと　スマホより目の前の相手を大切に

気をつけるべきこと　ケガ。損得勘定で物事を決めない

2024年の開運相性

恋愛運を上げる天星
朝日 × 山脈

仕事運をのばす天星
朝日 × 空

金運をのばす天星
朝日 × 新月

基本の開運色
蛍光色

2024年の開運色
ゴールド

2024年の開運アイテム
帽子

2024年の開運スポット
歴史を感じる場所

天星タイプ別 基本の相性

朝日 × 満月	★★☆☆☆	朝日 × 大陸	★★★★★
朝日 × 上弦の月	★★★★☆	朝日 × 海	★★★☆☆
朝日 × 下弦の月	★☆☆☆☆	朝日 × 朝日	★★★★☆
朝日 × 新月	★★★★☆	朝日 × 真昼	★★★★☆
朝日 × 空	★☆☆☆☆	朝日 × 夕焼け	★★☆☆☆
朝日 × 山脈	★★★★☆	朝日 × 深夜	★★☆☆☆

真昼

自由主義な行動派

基本性格

穏やかそうに見えますが、物事を先取りする直感やスピード感があり、考えるより先に行動する人。好き嫌いをハッキリと主張し、何事にも直球で短期決戦を好みます。いったん相手を信頼すると急激に距離を縮め、友達の輪をどんどん広げるなど、人との縁で自分を発展させられるタイプです。

真昼のトリセツ

⬆好きなこと・喜ぶこと

・冒険や海外旅行	・「さすが！」という言葉
・ベタなセリフ	・自分に従ってくれる
・高級品やブランド	・努力する自分

⬇嫌がること・ストレスになること

・自分のペースを崩される	・待たされること
・長期戦	・優柔不断な人
・細かく聞いてくる人	・予定を把握されること

2024年の開運のカギ

やるといいこと	日常に運動を取り入れた健康な体づくり
気をつけるべきこと	感情的にならない。戦わない

2024年の開運相性

恋愛運を上げる天星	仕事運をのばす天星	金運をのばす天星
真昼 × 海	真昼 × 上弦の月	真昼 × 下弦の月

基本の開運色
橙色

2024年の開運色
茶色

2024年の開運アイテム
メガネ サングラス

2024年の開運スポット
鳥の鳴き声が聞こえる場所

天星タイプ別 基本の相性

真昼 × 満月 ★★☆☆☆	真昼 × 大陸 ★★☆☆☆
真昼 × 上弦の月 ★★★★☆	真昼 × 海 ★★★☆☆
真昼 × 下弦の月 ★★★☆☆	真昼 × 朝日 ★★★★☆
真昼 × 新月 ★★★☆☆	真昼 × 真昼 ★☆☆☆☆
真昼 × 空 ★★★★★	真昼 × 夕焼け ★★☆☆☆
真昼 × 山脈 ★★★★☆	真昼 × 深夜 ★★☆☆☆

夕焼け

悠然としている頑張り屋さん

基本性格

強い信念をもち、一度目標を決めると秘めたパワーで突き進み、頑張る姿を人に見せたがらない、コツコツマイペースな陰の努力家です。壁があるように見えますが、意外と単純。要領がよく、根拠のない自信をもち合わせています。思考は論理的。実は打たれ弱く、少し短気な面も。好き嫌いがわかりやすい人です。

夕焼けのトリセツ

⬆好きなこと・喜ぶこと

- 包容力のある人に包まれる
- 得意なことをほめられる
- 過去の栄光への称賛
- 自分を好きな仲間といる
- 刺激を得ること
- マッサージ

⬇嫌がること・ストレスになること

- バカにされること
- 高圧的な態度や発言
- 自分を否定する人
- 不安にさせる言葉
- パーソナルスペースに入られること
- ダメ出し

2024年の開運のカギ

やるといいこと	家の中を整理し居心地のよい空間に
気をつけるべきこと	連絡は即レスを心がけ、溜めない

2024年の開運相性

恋愛運を上げる天星	仕事運をのばす天星	金運をのばす天星
夕焼け × 大陸	夕焼け × 新月	夕焼け × 満月

基本の開運色
桜色

2024年の開運色
紫

2024年の開運アイテム
お香

2024年の開運スポット
懐かしさを感じる場所

天星タイプ別 基本の相性

夕焼け × 満月	★★★☆☆
夕焼け × 上弦の月	★★☆☆☆
夕焼け × 下弦の月	★★★☆☆
夕焼け × 新月	★☆☆☆☆
夕焼け × 空	★★☆☆☆
夕焼け × 山脈	★★★★☆
夕焼け × 大陸	★★★★☆
夕焼け × 海	★★★★☆
夕焼け × 朝日	★★☆☆☆
夕焼け × 真昼	★★☆☆☆
夕焼け × 夕焼け	★★★★☆
夕焼け × 深夜	★★★★★

★深夜★

束縛を嫌う個性豊かな変わり者

基本性格

独特の感性や個性をもち、不思議な雰囲気をまとっています。自分のペースや世界を大切にし、我が道を進むタイプで、本当に好きなことは納得いくまでレベルを上げる頑張り屋。意地っ張りな面もあり、なかなか本心を伝えることができませんが、理解してくれる相手には深い愛情を注ぎます。

深夜のトリセツ

⬆好きなこと・喜ぶこと

- 自分だけの時間と空間
- パワースポット巡りの旅
- 楽しい毎日を送ること
- 本能に従って生きること
- うまく立ててもらうこと
- 休息をとること

⬇嫌がること・ストレスになること

- 根掘り葉掘り聞かれること
- 無駄なこと
- 状況を説明すること
- 偉そうな態度や人
- 束縛されること
- やりたいことを阻まれる

2024年の開運のカギ

やるといいこと	やりたいことリストを作る
気をつけるべきこと	紛失注意。データはバックアップを

2024年の開運相性

恋愛運を上げる天星	仕事運をのばす天星	金運をのばす天星
深夜×新月	深夜×深夜	深夜×海

基本の開運色
茶色

2024年の開運色
緑

2024年の開運アイテム
ブレスレット

2024年の開運スポット
温泉地

天星タイプ別 基本の相性

深夜×満月	★★☆☆☆	深夜×大陸	★★★☆☆
深夜×上弦の月	★★★★☆	深夜×海	★★★☆☆
深夜×下弦の月	★★★★★	深夜×朝日	★★★★☆
深夜×新月	★★☆☆☆	深夜×真昼	★☆☆☆☆
深夜×空	★★★☆☆	深夜×夕焼け	★★★☆☆
深夜×山脈	★★★★☆	深夜×深夜	★★★☆☆

★★★天星別 特徴

誘惑に弱い天星ベスト3

★1位★
空
誘惑したりされたり、流されやすく、ミーハー気質で、欲に負けやすい傾向あり。

★2位★
大陸
情にもろく、押しにも弱め。基本的には好きな人としか一緒にいたくないタイプ。

★3位★
上弦の月・山脈
錯覚が入りやすく騙されやすい上弦の月と、楽しくなるとワクワクが止められない山脈。

考えすぎてしまう天星ベスト3

★1位★
満月
自分に自信がなく、実は気にしい。大丈夫かどうか些細な言動に敏感に反応し、スローダウン。

★2位★
上弦の月
一度気になると、解決するまでモヤモヤ考え、こんがらがって、我慢しすぎて体調ダウン。

★3位★
新月・真昼・深夜
妄想モードで心が弱りやすい新月。考える方向がズレやすい真昼。生きづらさを感じる深夜。

RANKING

ケチな天星ベスト3

★1位★
山脈
節約家で貯金が趣味。人にはお金を使いたくないが、自分の欲しいものには投資。

★2位★
深夜
合理性を考えて基本ワリカン。誰かのために使う概念はないが、自分に利があるなら惜しみなく使う。

★3位★
夕焼け
お金には細かく現実的。損得勘定が敏感に働く。自分のためだと金銭感覚が疎くなりがち。

ランキング ★★★

人を信用しない天星ベスト3

★1位★
海
基本的に自分を守る。人は全員嘘つき、裏切ると過去の経験から決めつけていて、警戒している。

★2位★
新月
直感でピンとこなければ心を開かない。相手を警戒し、いろんな角度から探る。会話する時間次第。

★3位★
下弦の月・大陸
どちらも人は好き。上辺を合わせじっくり吟味する下弦の月。熱く語り価値観の一致で深まる大陸。

不安にさせてはいけない天星ベスト3

★1位★
新月
ネガティブスイッチあり。実はカマチョさんタイプ。何もかも嫌になると、殻に閉じこもる傾向が。

★2位★
夕焼け
強がっていても実は心配性。常に不安あり。空回りすると余裕がなくなり不満爆発。

★3位★
上弦の月・下弦の月
安心しないと落ち着かない上弦の月。不安から不満になりシャットダウンして逃げたくなる下弦の月。

見栄っ張りな天星ベスト3

★1位★
朝日
ついつい大人のふりをしてカッコつけがち。余裕がなくても後輩には自分のおかげだと演出。

★2位★
空
自分をよく見せるために無意識に取り繕ってしまい、持ち物や人脈でもちょっと自慢しがち。

★3位★
下弦の月・真昼
憧れられたい下弦の月、先取りしすぎな真昼、どちらも高級や一流といったステータスに弱め。

EPILOGUE

★ おわりに ★

最後まで読んでいただき、ありがとうございます。

今年、今月、今日
“今”がどんな流れ《リズム》なのかを描いた

—天星術第四ステージ—
『星ひとみの天星術2024』いかがでしたでしょうか。

天星、天星ナンバー、様々な性質
沢山の星と、光と影。

本書を通じて、今この瞬間を知る。

自分の知らない側面に気づいたならば
すべてはチャンスに変わります。

『運命は変えられる』
私はそう信じています。

今の自分はどんな流れにあるのか
今は何をするのがベストなのか。

「天星術」を知り、運気のリズムに乗れば、あなたが描いた未来に
たくさんの笑顔が舞い込んできます。

2024年という1年、そしてこの1日を、
どう過ごしていこうかと悩んだとき、
迷ったときに、そっと開き参考にしてみてください。

「天星術占い、それは人生の道しるべ」

影の時期でも大丈夫。
決して怖がらず、
間違えたっていいんです。
間違えたからこそ見える世界もある。

雨が降るなら傘を持って
雪が降るなら装備ができる
あなたの歩む道のり
どんな地図も描いてゆけます。

今年1年の
あなたの人生に訪れる“光と影”。
本書から読みとり、どう感じ、どう捉えるか。

どんな瞬間も、
たとえ今見える景色がどんな世界でも、
あなたが生きているこの1秒は
これからの人生で一度しか見られない景色となる。

EPILOGUE

運気は、世界は、刻々と変わっていきます。
限られた生命、限られた時間。

あなたは
誰と過ごしたいですか？
何をしたいですか？

できることならば、皆様一人ひとりにお会いしたい気持ちですが
私が今、皆様のためにできることは何か
できる限りのエネルギーを皆様に届けられるように

たくさんの方々に光が届くように願いを込め、
各天星、天星ナンバーごと、赤白と一人ひとりの皆様に、
さらに深く届くよう、
細かく書かせていただきました。

本書を通じて、少しでも皆様の
お手伝いができたのなら幸いです。

ゆっくり深呼吸し
心を落ち着かせて。

小さな光を感じられるように
今あるすべてに感謝を。

あなたは幸せになれる人。

2024年

もう一度自分を信じ
もう一度幸せの選択を。

「天星術」

いつも心のそばに。
今年もあなたのお守りに。

皆様が少しでも素晴らしい1年を送れるよう
お祈りいたします。

あなたは“大丈夫”

それではまたお会いしましょう。

2023年 10月吉日　星ひとみ

STAFF

編集協力

高橋尚子

［KWC］

安井桃子、杉本真理、長谷和希子、

阿部雅美、梶原知恵、西島 恵

アートディレクション

松浦周作

[mashroom design]

ブックデザイン

石澤 縁

[mashroom design]

イラスト

miya

企画協力

中込圭介

［Gオフィス］

Star Eyes

本書カレンダー記載の祝日・休日は2023年10月現在のものです。
法律の改正等により変更になる場合があります。

PROFILE

星ひとみ

（ほし・ひとみ）

占い師。巫女の血筋をもつ家系に生まれる。東洋占星術や統計学、心理学などをもとにしたオリジナル運勢鑑定法「天星術」の開祖である。生まれながらの力と経験による知識から導き出す鑑定は圧倒的な的中率で人気を集め、各界に多くのファンをもつ。著書に『星ひとみの天星術』（小社）、『星ひとみの天星術超図鑑』『運気を金にする　幸せ上手さん習慣GOLD』（ともに小学館）などがある。

星ひとみオフィシャルブログ「Star Eye's」

星ひとみInstagram

@hoshi_hitomi722

星ひとみ事務局Instagram

@hoshi_hitomi_staff

StarEyes×YAMASAN

星ひとみの天星術2024
上弦の月〈月グループ〉

2023年10月25日　第1刷発行

著者　星ひとみ
発行人　見城 徹
編集人　菊地朱雅子
編集者　有馬大樹　三宅花奈　茂木 梓

発行所　株式会社 幻冬舎
〒151-0051
東京都渋谷区千駄ヶ谷4-9-7
電話 03(5411)6211［編集］
03(5411)6222［営業］

公式HP　https://www.gentosha.co.jp/

印刷・製本所　中央精版印刷株式会社

検印廃止

ISBN978-4-344-04173-8 C0095

この本に関するご意見・ご感想は、
下記アンケートフォームからお寄せください。
https://www.gentosha.co.jp/e/